AF386620

Rainer Stablo

DIE LINKE. UND ICH

4

Politische Interventionen innerhalb und außerhalb der Partei
sowie Gedanken und Gedankensplitter

–

Keine Erfolgsgeschichte.
2020

Ein Konvolut

Bibliographische Information der Deutschen Nationalbibliothek:
Die Deutsche Nationalbibliothek verzeichnet diese Publikation in der
Deutschen Nationalbibliografie, detaillierte bibliografische Daten sind im
Internet über http://dnb.dnb.de abrufbar.

© 2021 Stablo, Rainer
Herstellung und Verlag
BoD – Books on Demand, Norderstedt

ISBN 978-3-75288-065-6

23.12.2020

Beitrag in der Facebook-Gruppe Denkpflicht*statt*Maskenpflicht

Kurzer Zwischenbericht in Sachen Kandidatur als Einzelbewerber (bei der rheinland-pfälzischen Landtagswahl 2021) im Wahlkreis 23 (Bernkastel-Kues/Morbach/Kirchberg):

Nachdem ich den Wahlvorschlag incl. der erforderlichen Anzahl amtlich geprüfter Unterstützungsunterschriften gestern dem Wahlleiter in Wittlich übergeben hatte, erhielt ich bereits heute den Vorprüfungsbescheid: keine Mängel hinsichtlich der Erfordernisse des Landeswahlgesetzes und der Landeswahlordnung sowie der Vollständigkeit.

Der erste Schritt ist also erfolgreich getan.

Am 06.01.2021 entscheidet nun der Wahlausschuss über die Zulassung all der Wahlvorschläge, die die Vorprüfung bestanden haben - normalerweise eine reine Formsache. Dank an alle, die ihre Unterstützungsunterschrift gegeben haben!

Das Kennwort des Wahlvorschlages lautet:

"Basisdemokratie statt Obrigkeitsstaat!".

11.12.2020

Beitrag in der Facebook-Gruppe Denkpflicht*statt*Maskenpflicht

Liebe Freundinnen und Freunde, liebe Leute,

sehr kurzfristig habe ich mich entschlossen, zur rheinland-pfälzischen Landtagswahl 2021 doch noch ein kleines Zeichen politischen Widerstandes in Corona-Zeiten zu setzen.

Im Wahlkreis 23 - Bernkastel-Kues/ Morbach/ Kirchberg (Hunsrück) möchte ich unter dem Kennwort: Basisdemokratie statt Obrigkeitsstaat! als Einzelbewerber antreten.

Dazu benötige ich 125 gültige Unterstützungsunterschriften.
Und deshalb bitte ich Euch hiermit, mir - völlig unabhängig davon, ob bzw. wen Ihr tatsächlich im März wählen möchtet oder werdet - meine Kandidatur durch eine Unterstützungsunterschrift zu ermöglichen.

Ein von der Kreisverwaltung Bernkastel-Wittlich ausgefülltes amtliches Formblatt für eine Unterstützungsunterschrift befindet sich im Anhang. Bitte druckt es aus, füllt es aus und unterschreibt es. Dann sendet es bitte an meine Adresse, damit ich die Unterschrift beim jeweiligen Amt bescheinigen lassen kann.

Leitet diese E-Mail auch bitte an Menschen in Eurem Bekanntenkreis weiter, die im Wahlkreis 23 wahlberechtigt sind und eventuell bereit sein könnten, eine Unterstützungsunterschrift zu leisten.

Weshalb bewerbe ich mich im Wahlkreis 23?

In aller Kürze:

Ich halte die staatlich dekretierten Corona-Bekämpfungsverordnungen der SPD-Grüne-FDP-Landesregierung nach wie vor für in weiten Teilen willkürlich, unangemessen, unverhältnismäßig und rechtsstaatswidrig.

Insbesondere die obrigkeitsstaatlich verordneten Lockdown-Maßnahmen entbehren meines Erachtens jeglicher Logik und wissenschaftlicher Evidenz.

Die durch den Lockdown verursachten sog. Kollateralschäden wirtschaftlicher, sozialer, politischer, psychologischer, gesundheitlicher und anderer Art halte ich für verheerend und schlimmer als die durch COVID-19 verursachten Schäden.

Die Existenz des Virus SARS-CoV-2 leugne ich dabei ebenso wenig wie die Gefährlichkeit der Krankheit COVID-19 für bestimmte Risikogruppen, insbesondere alte Menschen und/oder Menschen mit einschlägigen Vorerkrankungen.

Allerdings sehe ich keine wissenschaftliche Evidenz, warum COVID-19 gefährlicher sein sollte als eine mittelschwere bis schwere Grippe (z.B. Hongkong-Grippe 1969/70, Asiatische Grippe 1957/58).

Viele Dinge, wie z.B. die Maskenpflicht im Schulunterricht, die demnächst - mit großer Wahrscheinlichkeit - sogar auf die Grundschule ausgedehnt werden wird, halte ich für völlig überzogen und darüber hinaus gesundheitsgefährdend.

Ich kann mich auch nicht des Eindrucks erwehren, dass unter dem Deckmantel Corona-Bekämpfung, ganz andere, autoritäre und obrigkeitsstaatliche Ziele durchgesetzt werden sollen.

Dagegen - und da es bis jetzt niemand aus den Parteien SPD, CDU, FDP, FWM, Bündnis90/Die Grünen, DIE LINKE tut, sowie als politische Alternative zur AfD - möchte ich meine Stimme erheben.

Da Wahlkreisvorschläge mit den (vom Amt bescheinigten bzw. zu bescheinigenden) Unterstützungsunterschriften bis spätestens Dienstag, den 29. Dezember 2020 (18 Uhr), beim Kreiswahlleiter in Wittlich vorzulegen sind, bitte ich um möglichst schnelle Unterstützung per Unterschrift.

Mit bestem Dank und besten Grüßen

Basisdemokratie statt Obrigkeitsstaat!

07.12.2020

Beiträge in der Facebook-Gruppe Denkpflicht*statt*Maskenpflicht

sic!   https://diebasis-partei.de/2020/12/dr-med-claus-koehnlein-neues-mitglied-der-partei-diebasis/

Das Programm schreiben die, die jetzt (!) dort hineingehen und die Impulse gegen das Corona-Regime setzen!

In allererster Linie geht es aber jetzt (!) m.E. um die bloße Anzahl derjenigen, die sich politisch gegen diese "neue Normalität", den Great Reset etc. neu und sichtbar und massenhaft organisieren, um entschlossen (!) die 3 Hauptziele (kleinster gemeinsamer Nenner im Anhang) kurzfristig (!) zu realisieren.

Das Übrige kommt später, wenn das geschafft ist. Was nützen die schönsten weitergehenden Programme, wenn das nicht schnellstens (!) gelingt!

DIEBASIS UND COVID19:

Mit großer Sorge beobachten wir den durch Politik und Medien gestalteten gesellschaftlichen Umgang mit Covid19. Die vielfach irreführende Kommunikation von Absolutzahlen ohne entsprechende Verhältnisgrößen führen zu Ängsten und Spaltung in der Bevölkerung.

Wir respektieren die Furcht unserer Mitbürger vor Krankheit und Tod. Und stellen dieser unsere eigene Sorge vor einem Verlust unserer freiheitlich-demokratischen Grundordnung auf dem Wege des Notstandsrechts gegenüber.

Wir zweifeln die Verhältnismäßigkeit der Grundrechtseinschränkungen an und fordern:

Sofortiger **Stopp aller Maßnahmen** und Aufnahme einer öffentlichen wissenschaftlichen Diskussion

Sofortige **Einstellung der PCR Tests**

Juristische Aufarbeitung des Geschehenen sowohl in zivil- als auch in strafrechtlicher Hinsicht

Angst, Sorge und Furcht sind ein Gefängnis. Als Menschheitsfamilie befreien wir uns daraus, indem wir einander sehen, ernst nehmen und zu einem gesellschaftlichen Dialog zurückkehren.

dieBasis möchte hierzu einladen.

#DIEBASIS

So verstehe ich den Ansatz. Und nur so verstanden, halte ihn für sinnvoll. Die Zeit drängt!!!

Es geht m.E. um eine kurzfristig schlagkräftig werdende politische Alternative sowohl zu der Großen Parteien-Koalition in Sachen COVID-19 als auch zur AfD. Die Rechtsanwälte Reiner Füllmich und Viviane Fischer vom Corona-Ausschuss sind ebenso Mitglieder wie Prof. Martin Schwab von der Uni Bielefeld und auch Prof. Ulrike Kämmerer, die das Peer Review Papier zu Drosten mit verfasst hat.

----

dieBasis - so die Idee, wie ich sie verstehe - könnte die 3 Hauptziele kurzfristig allerdings nur dann erreichen, wenn sie die anderen Parteien politisch so unter Druck setzt, dass diese um ihre politische Macht fürchten müssen (bei anstehenden Wahlen).

Dazu gehört aber zweierlei:

dieBasis muss

1. massenhaften Zulauf derjenigen erhalten, die die Nase gestrichen voll haben vom Corona-Regime, aber auch nicht in Resignation verfallen wollen, und

2. aber auch Sammelbecken all derjenigen Experten, Wissenschaftler etc. werden, die sich glaubhaft gegen die staatlich dekretierten Corona-Bekämpfungsmaßnahmen positioniert haben und positionieren.

Ich denke, einen ernstgemeinten Versuch sollte es wert sein. Wenn nicht jetzt (!), wann dann? Und wenn nicht wir (!), wer dann?

07.12.2020 (Vaters 90. Geburtstag)

Kommentar auf der Facebook-Seite des Trierischen Volksfreundes zum Artikel vom 07.12.2020: „Alle wichtigen Infos zur Pandemie. Live-Ticker zum Coronavirus: Fünf weitere Todesfälle in der Region"

Allen Mitbürgerinnen und Mitbürgern, die ernsthaft mit dem Gedanken spielen, sich freiwillig und frühzeitig mit dem neuartigen BioNTech-COVID-19 mRNA Impfstoff BNT162b2 impfen zu lassen, sei dringend empfohlen, sich

1. diesen von der Regierung Großbritanniens veröffentlichten "Beipackzettel" zum COVID-19 Impfstoff in aller Ruhe durchzulesen (insbesondere Punkt 4.6: Fertility, pregnancy and lactation):

https://assets.publishing.service.gov.uk/government/uploads/system/uploads/attachment_data/file/941452/Information_for_healthcare_professionals.pdf,

2. diese Impf-Rangfolge (Prioritäten-Gruppen) der Regierung Großbritanniens anzuschauen, um sie mit den Empfehlungen der ständigen Impfkommission STIKO zu vergleichen, die für Ende der Woche angekündigt sind:

https://www.gov.uk/government/publications/priority-groups-for-coronavirus-covid-19-vaccination-advice-from-the-jcvi-2-december-2020/priority-groups-for-coronavirus-covid-19-vaccination-advice-from-the-jcvi-2-december-2020

Empfohlen sei auch folgender Abschnitt des aktuellen Infektionsschutzgesetzes (IFSG):

§20 „(6) Das Bundesministerium für Gesundheit wird ermächtigt, durch Rechtsverordnung mit Zustimmung des Bundesrates anzuordnen, dass bedrohte Teile der Bevölkerung an Schutzimpfungen oder anderen Maßnahmen der spezifischen Prophylaxe teilzunehmen haben, wenn eine übertragbare Krankheit mit klinisch schweren Verlaufsformen auftritt und mit ihrer epidemischen Verbreitung zu rechnen ist. Personen, die auf Grund einer medizinischen Kontraindikation nicht an Schutzimpfungen oder an anderen Maßnahmen der spezifischen Prophylaxe teilnehmen können, können durch Rechtsverordnung nach Satz 1 nicht zu einer Teilnahme an

Schutzimpfungen oder an anderen Maßnahmen der spezifischen Prophylaxe verpflichtet werden. § 15 Abs. 2 gilt entsprechend.

(7) Solange das Bundesministerium für Gesundheit von der Ermächtigung nach Absatz 6 keinen Gebrauch macht, sind die Landesregierungen zum Erlass einer Rechtsverordnung nach Absatz 6 ermächtigt. Die Landesregierungen können die Ermächtigung durch Rechtsverordnung auf die obersten Landesgesundheitsbehörden übertragen."

06.12.2020

Kommentar auf der Facebook-Seite von Susan Bonath

Eine Anregung zum „Was tun?".

Und ein paar Infos zur anstehenden Impfauseinandersetzung mit dem Blick nach vorn, um endlich aus dem Jammertal herauszukommen:

a) BRD:

https://diebasis-partei.de, der - vorläufig - letzte Versuch einer parteipolitischen Alternative, jedenfalls dann, wenn sich all (!) das, was an kritischem linken Potenzial in Sachen SARS-COV-2 noch übrig geblieben ist, vor allem massenhaft, gleichzeitig aber rational, abgeklärt, illusionslos und trotzdem entschlossen daran beteiligt!?

b) UK:

1. Dr. Michael Yeadon (https://twitter.com/MichaelYeadon3)

2. YeadonKampagne (https://ycampaign.org/)

3. Impfstrategie der britischen Regierung (https://www.gov.uk/government/publications/priority-groups-for-coronavirus-covid-19-vaccination-advice-from-the-jcvi-2-december-2020/priority-groups-for-coronavirus-covid-19-vaccination-advice-from-the-jcvi-2-december-2020)

4. BioNTech-Impfstoff, Risiken etc. (https://assets.publishing.service.gov.uk/government/uploads/system/uploads/attachment_data/file/941452/Information_for_healthcare_professionals.pdf)

02.12.2020

Kommentare auf der Facebook-Seite von Susan Bonath

Wenn das kein Fake ist, dann ist es eine vernichtende Kritik am PCR-Test von Drosten: cormandrostenreview.com bzw. https://cormandrostenreview.com/report/

Die dringendst zu beantwortende Frage bleibt: Was tun?

01.12.2020

Antworten auf Antworten zum Kommentar auf der Facebook-Seite des Trierischen Volksfreundes zum Artikel vom 30.11.2020 „Pandemie: Corona-Schutz: Aus für Glühwein to go":

an Claudia Marmann

Die Patienten auf den Intensivstationen simulieren sicherlich nicht.

Die eine Frage ist nur, ob das Virus SARS-CoV-2 immer und in jedem Fall die tatsächliche Ursache dafür ist, dass sich die (aktuell 3.926) Patienten, die als COVID-19-Fälle gelten, dort in Intensivbehandlung befinden?

Und die andere Frage ist die, ob es um diese Jahreszeit herum und im Winter in früheren Jahren wirklich weniger Intensivpatienten auf den Stationen gegeben hat als derzeit (aktuell 21.628)?

https://www.intensivregister.de/...
https://www.divi.de/.../DIVI-Intensivregister_Tagesreport...

----

an Tom Pachner

Dr. Michael Yeadon gibt auf die Frage, warum der (Drosten-)PCR-Test "nicht mehr funktionieren sollte", in seinem Artikel https://lockdownsceptics.org/the-pcr-false-positive.../... eine (auf England bezogene) plausibel erscheinende Antwort, die Grundlage einer Diskussion sein könnte.

Auch zum Thema Übersterblichkeit (im Frühling 2020 im Unterschied zum Herbst 2020) gibt Michael Yeadon ernsthafte Hinweise.

Dass nahezu alle Staaten der Welt (bzw. deren Regierungen) in Sachen SARS-CoV-2 bzw. COVID-19 auch eine je eigene Agenda verfolgen, die mit dem Virus bzw. der Krankheit wenig bis nichts zu tun hat, dürfte auf der Hand liegen.

Dein letzter Halbsatz ist im Übrigen angesichts der tatsächlich an COVID-19 Verstorbenen ziemlich daneben!

----

an Tom Pachner

Verharmlosung? Zynismus? Framing? Übersterblichkeit? Pandemie? Coronaleugner? Gesunder Menschenverstand?
Auf der Basis des Peer Review Reports

https://cormandrostenreview.com/report/

und des Artikels von Dr. Michael Yeadon

https://lockdownsceptics.org/the-pcr-false-positive.../...

bin ich gerne bereit, über diese Begrifflichkeiten und den COVID-19-Gesamtkomplex zu diskutieren. Alles andere macht keinen Sinn.

Empfehlenswert ist auch dieser heutige Twitter Thread von Michael Yeadon:

https://twitter.com/MichaelYea.../status/1333679808396587009 .

----

an Tom Pachner

Framing? Falschbehauptung? Fakes? disqualifiziert? unwissenschaftlich? Warum so aggressiv?

"This extensive review report has been officially submitted to Eurosurveillance editorial board on 27th November 2020 via their submission-portal, enclosed to this review report is a retraction request letter, signed by all the main & co-authors. First and last listed names are the first and second main authors. All names in between are co-authors."

https://cormandrostenreview.com/submission/

----

an Tom Pachner

Mehrfach widerlegt von wem? Genau, von Faktencheckern!

Zitat aus dem Artikel des New Indian Express:

"After drugmaker Pfizer's former Vice President and Chief Scientist for Allergy and Respiratory Michael Yeadon claimed that "the pandemic is fundamentally over in the UK," health fact-checker Health Feedback termed his assertions "false"."

Hier wird auf den Faktenchecker Health Feedback verwiesen.Health Feedback ist ein Teil von Science Feedback. Science Feedback wiederum ist eine "non-profit organization registered in France", zu deren "Partners and Funders" unter anderem Facebook ("In April 2019, Science Feedback started working with Facebook as part of their fact-checking program." https://sciencefeedback.co/science-feedback-partnering.../) und Roland Berger gehören (https://sciencefeedback.co/partners-funders-donors/). Science Feedback gehört mit vielen anderen sogenannten Faktencheckern zum International Fact-Checking Network (IFCN), "a unit of the Poynter Institute dedicated to bringing together fact-checkers worldwide" (https://ifcncodeofprinciples.poynter.org/ und https://www.poynter.org/ifcn/), zu dem auch Correctiv gehört.

Unter Führung des IFCN haben diese sich zu einer Allianz zusammengeschlossen:

"Fighting the Infodemic: The #CoronaVirusFacts

Alliance. Led by the International Fact-Checking Network (IFCN) at the Poynter Institute, the #CoronaVirusFacts / #DatosCoronaVirus Alliance unites more than 100 fact-checkers around the world in publishing, sharing and translating facts surrounding the new coronavirus. The Alliance was launched in January when the spread of the virus was restricted to China but already causing rampant misinformation globally. The World Health Organization now classifies this issue as an infodemic — and the Alliance is on the front lines in the fight against it." (https://www.poynter.org/coronavirusfactsalliance/).

Das Poynter Institute selbst (www.poynter.org) ist "a global leader in journalism. It is the world's leading instructor, innovator, convener and resource for anyone who aspires to engage and inform citizens." (https://www.poynter.org/about/).

Die major funders des Poynter Institutes sind (Stand Juni 2020):

„Andrew W. Mellon Foundation, Annie E. Casey Foundation, Charles Koch Foundation, Democracy Fund, Facebook, Google News Initiative, John S. and James L. Knight Foundation, Lumina Foundation, MacArthur Foundation, McClatchy Foundation, Miami Foundation, National Endowment for Democracy, Newmark Philanthropies, Newton & Rochelle Becker Charitable Trust, Omidyar Network | Luminate" (vom Ebay-Gründer), „Open Society Foundations" (von George Soros), "Peter & Carmen Lucia Buck Foundation, Rita Allen Foundation, Robert R. McCormick Foundation, Silicon Valley Community Foundation, Tides Foundation (Google.org)" (https://www.poynter.org/major-funders/).

Da schließt sich der Kreis. Ausgesprochen unabhängig, wissenschaftlich und interesselos also diese Faktenchecker!

Nichts für ungut.

----

an Tom Pachner

Und Du bestimmst also, was Halb- und Unwahrheiten sind etc.! Das nenne ich Hybris. Den letzten Satz von Dir verbuche ich im Übrigen unter wahrer Menschenfreundlichkeit.

----

an Andreus Helvetti

Dein gutes Recht.

Bei mir aber herrscht große Skepsis im Sinne von kritischem Zweifel, Bedenken, Misstrauen (Duden) vor, angesichts der objektiven Abhängigkeit der Faktenchecker (IFCN) von ihren potenten Geldgebern und Kunden.

Darüber hinaus ist der eindeutig formulierte Kampfauftrag "Fighting the Infodemic" der #CoronaVirusFacts Alliance gegen eine von der WHO als Infodemic bezeichnete angebliche Misinformation in Sachen SARS-CoV-2-

Pandemie mit Neutralität, Objektivität, Unvoreingenommenheit, Vorurteilslosigkeit, offener Debatte, kritischer Wissenschaft etc. nun wirklich nicht in Einklang zu bringen. Das kommt m. E. einfach nur dogmatisch daher.

Im Übrigen hat sich der Disput wieder einmal völlig vom Ursprung entfernt. Deshalb noch einmal:

"Auf der Basis des Peer Review Reports https://cormandrostenreview.com/report/ und des Artikels von Dr. Michael Yeadon https://lockdownsceptics.org/the-pcr-false-positive.../... bin ich gerne bereit, über (...) den COVID-19-Gesamtkomplex zu diskutieren. (...). Empfehlenswert ist auch dieser heutige Twitter Thread von Michael Yeadon: https://twitter.com/MichaelYea.../status/1333679808396587009 ."

Stichworte für eine ernsthafte Diskussion wären z.B.: tatsächliche Höhe der Hintergrund-/Kreuz- bzw. T-Zellen-Immunität im Frühjahr 2020, regionale Ungleichzeitigkeit der Infektionswelle in 2020 , Gompertz-Funktion, Mängel und Beschränkungen der PCR-Tests für Diagnostik im Allgemeinen und bei (industrialisierter) Massentestung, (operationale) Falsch-Positivrate der eingesetzten PCR-Tests, PCR false positive pseudo-epidemic, secondary ripple statt 2. Welle/3. Welle, Herdenimmunität, Einsatz von Antigen-Schnelltests statt PCR-Tests, Testen nur bei Symptomatik, Sinnhaftigkeit von Lockdowns, Maskenpflicht u.v.a.m.

Völlig unabhängig von alledem warten noch weitere ganz wichtige Fragen auf Antworten:

Wieso ist die SARS-CoV-2-Epidemie in China eigentlich seit Monaten beendet? Ist das Virus dort bereits endemisch geworden? Wie steht es dort um Herdenimmunität? Werden dort andere PCR-Tests durchgeführt? Werden dort mehr Gen-Sequenzen getestet als bei uns? Bis zu welchem Ct-Wert wird ein PCR-Test als positiv gewertet (<= 25 oder <= 30)? Werden statt PCR-Tests eher Antigen-Schnelltests durchgeführt?

Fragen über Fragen!

----

an Richard Pestemer

lieber Richie, schau Dir das mal bitte an: https://youtu.be/D1onx7LaNio und lies Dir das mal bitte durch: https://cormandrostenreview.com/report/ . Darüber würde ich gerne diskutieren.

----

an Richard Pestemer

Richie, in weiten Teilen gebe ich Dir Recht, insbesondere bezüglich Deiner Einschätzung: "Wir brauchen also eine Exitstrategie aus dem durchgeknallten globalisierten Kapitalismus".

Allerdings kann die Exitstrategie m. E. nicht im (totalitären) "Great Reset" des Weltwirtschaftsforums o. ä. bestehen.

Zum Thema "faktische Leugnung der Pandemie" (a) und "(rechtsoffene) Coronarebellen" (b) nur (☺) so viel:

a) Michael Yeadon vertritt und begründet - von mir im Folgenden etwas verkürzt und vereinfacht dargestellt - folgende Thesen, die mit Leugnung der Pandemie o. dergl. rein gar nichts zu tun haben:

1. im Frühjahr 2020 hat es definitiv die schnelle Ausbreitung (epidemisch) des SARS-CoV-2-Virus gegeben (incl. COVID-19 bedingter Übersterblichkeit), in den großen Städten massiver als in ländlichen Regionen,

2. das SARS-CoV-2-Virus traf auf eine in weiten Teilen der Bevölkerung (50 %) vorhandene Grund-/Kreuzimmunität gegen Coronaviren,

3. die rigiden und autoritären Maßnahmen der Regierung (Lockdown etc.) änderten an der Verbreitung des Virus nichts, ein Coronavirus lässt sich dadurch nicht aufhalten,

4. nach vier Monaten war die Pandemie in den großen Städten vorbei, dort gibt es seither Herdenimmunität,

5. Nach dem Sommer holte das Virus in den ländlichen Gegenden das nach, was es im Frühjahr nicht schaffte,

6. Seit Ende Oktober gibt es auch dort Herdenimmunität,

7. in Teilen der Bevölkerung (Regionen) gibt es seither nur noch ein ende-misches Aufflackern des Virus, das aber zu keiner Überlastung des Gesund-heitssystems führen kann,

8. eine zweite oder gar dritte Welle der Virusverbreitung gibt es nicht, kann es bei Coronaviren von Natur aus nicht geben, die Verbreitung ein und desselben Virus folgt einer Gompertz-Funktion (liegende, asymmetri-sche S-Kurve),

9. die nach dem Sommer in industrieller und zentralisierter Form bei man-gelhafter Qualität (ungeschultes Personal, kontaminierte (Groß-)Labore, nur noch 1 Genseqeunz statt 2 oder 3,) durchgeführten PCR-Massentes-tungen führte zu riesigen Fallzahlen aufgrund weitgehend falsch-positiver PCR-Testergebnisse bei niedriger Prävalenz (Vorkommen) des Virus in der Bevölkerung,

10. die sogenannte zweite Welle im Herbst ist (insbesondere in den Städ-ten, die im Frühjahr bereits hart getroffen waren) eine reine Fiktion, es handelt sich um eine falsch-positiv-PCR-Test-Pandemie,

11. die Anzahl der Todesfälle, die im Herbst 2020 statistisch als COVID-19-Sterbefälle erfasst wurden/werden, liegen weit unterhalb dessen, was an-gesichts der COVID-19-Sterberate im Frühjahr eigentlich sein müsste,

12. die meisten COVID-19-Sterbefälle des Herbstes sind außerdem keine, an denen SARS-CoV-2 ursächlich beteiligt ist, die Verstorbenen sind ledig-lich falsch-positiv PCR-getestet und an anderen Todesursachen verstor-ben,

13. viele der Verstorbenen, die nicht als COVID-19-Verstorbene gelten, sind aufgrund der Corona-Bekämpfungsmaßnahmen verstorben ("Kollateralschäden"),

14. die Gesamt-Sterbezahlen des Herbstes liegen im Bereich des Üblichen,

15. in Liverpool und in anderen großen Städten durchgeführte Massentests mit einem anderen Verfahren (Antigen-Schnelltests von Innova) brachten Positiv-Raten (< 1%), die im Bereich der Falsch-Positiv-Rate der Schnelltest liegen,

16. Schlussfolgerung Nr. 1:

das Virus ist - aufgrund der inzwischen vorhandenen Herdenimmunität - kaum noch vorhanden, stellt keine Gefahr mehr für die Bevölkerung/das Gesundheitswesen dar, die Epidemie ist vorüber,

17. Schlussfolgerung Nr. 2:

die PCR-Massenstestungen sind sofort zu stoppen, damit das Ende der Epidemie auch sichtbar wird und zu einigermaßen normalen Verhältnissen zurückgekehrt werden kann,

18. Massenimpfungen gegen SARS-CoV-2 machen überhaupt keinen Sinn, da Herdenimmunität bereits vorhanden ist, schon gar nicht mit unzureichend getesteten und im Schnelldurchgang auf dem Markt gebrachten Impfstoffen,

19. Statt Lockdown, Maskenpflicht in der Öffentlichkeit etc. sind vulnerable Gruppen (insbesondere Alte in den Pflegeheimen) bestmöglich zu schützen.

Noch einmal, was diese Einschätzung von Dr. Michael Yeadon mit der Leugnung einer Pandemie zu tun haben soll, erschließt sich mir nicht. Insofern stoßen solche Vorwürfe ins Leere.

Es stellt sich vielmehr die Frage, warum sich die kritiklosen Verfechter der m. E. in weiten Teilen völlig unangemessenen, unverhältnismäßigen, nicht evidenzbasierten, rechtsstaats- und grundgesetzwidrigen

Corona-Bekämpfungsmaßnahmen der Regierungen (Lockdowns, Shutdowns, Grundrechtseinschränkungen, Maskenpflicht etc.) der Diskussion solcher Thesen hartnäckig verweigern.

b) „Coronarebellen" ist m.E. ein genauso schwammiger Begriff wie der Begriff „rechtsoffen". Insofern plädiere ich hier - bei klarer Unterscheidung zwischen rechts und rechtsextrem - für folgende Präzisierung:

Kritiker der autoritären staatlichen Corona-Bekämpfungsmaßnahmen haben zu rechtsextremistischen, nationalsozialistischen, faschistischen, rassistischen, menschenverachtenden Bestrebungen einen unmissverständlichen Trennungsstrich zu ziehen!

----

an Richard Pestemer

Die Zukunft wird es ans Licht bringen, welche Einschätzungen richtig und welche falsch waren.

----

an Richard Pestemer

Ich wiederhole mich gerne: "Die Zukunft wird es ans Licht bringen, welche Einschätzungen richtig und welche falsch waren."

30.11.2020

Kommentar auf der Facebook-Seite des Trierischen Volksfreundes zum Artikel vom 30.11.2020 „Pandemie: Corona-Schutz: Aus für Glühwein to go":

Und dieser ganze Corona-Bekämpfungswahnsinn steht und fällt mit den Drosten-PCR-Tests.

 Eine internationale Wissenschaftlergruppe um Dr. Pieter Borger (Lörrach) und Frau Dr. Ulrike Kämmerer (Würzburg) hat in einem externen Peer Review das Drosten-PCR-Testprotokoll im Detail untersucht und 10 gravierende Mängel bzw. Fehler gefunden. Tenor der am 27. November 2020 veröffentlichten wissenschaftlichen Arbeit:

der Drosten-PCR-Test ist völlig ungeeignet zur Diagnose von Infektionen, Erkrankungen und Infektiosität durch das Virus SARS-CoV-2.

Die Wissenschaftlergruppe fordert daher, dass das Drosten-Protokoll vom Eurosurveillance editorial board, der Stelle, die es im Januar 2020 zur Veröffentlichung annahm, zurückgezogen wird.

Der komplette "Review report Corman-Drosten et al. Eurosurveillance 2020", der zugehörige "Retraction request letter to Eurosurveillance editorial board" und weitere Informationen sind hier zu finden:

https://cormandrostenreview.com/

25.11.2020

unveröffentlicht

Deutschland im Herbst 2020

Was tun?

Uns Linken, die wir - ohne die Existenz des SARS-CoV-2-Virus und seiner Gefährlichkeit für Risikogruppen zu leugnen - noch nicht dem herrschenden COVID-19-Bekämpfungs-Irrationalismus verfallen sind!

Uns Linken, die wir noch ein politisches Gespür für die Verfassungs- und Rechtsstaatswidrigkeit der staatlich verordneten Corona-Bekämpfungsmaßnahmen sowie die Unverhältnismäßigkeit der Grundrechtseinschränkungen haben!

Uns Linken, die wir noch über dialektische Vernunft und klaren, systemkritischen Verstand verfügen!

Uns Linken, die wir noch den Stellenwert evidenzbasierter Wissenschaft für politische Entscheidungen anerkennen!

Uns Linken, die wir noch durchschauen, dass und wie mittels systematischer Erzeugung von irrationaler Angst und Panik Herrschaft ausgeübt wird.

Was bleibt Uns noch?

Das Einzige was uns wohl bleibt, um kurzfristig wirksam zu werden: Organisieren wir uns politisch neu und legal, solange es noch möglich ist, solange es noch zugelassen wird!

Organisieren wir uns politisch neu in enger Verbindung mit der realen Bevölkerung, die belogen und betrogen wird!

Statt Angst! Statt Lähmung!

Statt Vereinzelung! Statt Spaltung!

Statt politischer Bedeutungslosigkeit! Statt lupenreiner Dogmatik!

Statt There Is No Alternative (TINA)!

Statt Depression!

Jetzt!

Ohne jegliche Illusion über den nur scheinbar demokratischen Parlamentarismus!

Ohne blauäugige Überschätzung der langfristigen Widerstands- und Gestaltungsmöglichkeiten einer legalen systemkritischen politischen Partei im (politischen) System!

Trotz aller bisher gescheiterten oder vergeblichen Versuche von links (DIE GRÜNEN, PDS, WASG, DIE LINKE, PIRATEN, DKP etc.)!

Trotz alledem!

Das Vehikel politische Partei ist und bleibt im Moment wohl die einzige reale Möglichkeit, kurzfristig und legal politische Wirkung zu erzielen!

Nur wenn die anderen politischen Parteien Angst vor dem eigenen Bedeutungs- und Machtverlust bekommen, wird der totalitäre COVID-19-Bekämpfungswahnsinn kurzfristig gestoppt werden können!

Die einzige politische Partei, die dies - mit linker Unterstützung - derzeit und kurzfristig leisten kann, ist dieBASIS!

Wir Linken, die wir das derzeitige autoritäre Gesundheits-Regime nicht länger ertragen können, dürfen nicht weiter untätig zusehen und müssen auch linken politischen Widerstand dagegen endlich sichtbar machen: Organisieren wir uns daher massenhaft in der Partei dieBASIS!

Oder Is There Any Realistic Alternative (ITARA)?

https://diebasis-partei.de/

P.S.:

Mein Vorschlag in der Sache, aus der tiefsten rheinland-pfälzischen Provinz, hoffnungsvoll-pessimistisch, aber schon ein bisschen ernst gemeint.

P.S.:

21.11.2020

Kommentar auf der Facebook-Seite des Trierischen Volksfreundes zum Artikel vom 28.10.2020: „Wer ermittelt im Kinderzimmer?"

Vielleicht hilft mal ein unvoreingenommener, mutiger Blick über den Gartenzaun nach England. Was ist, wenn Dr. Michael Yeadon, immerhin ehemaliger Vize-Präsident vom Pharmakonzern Pfizer, Recht hat mit seinen Überlegungen zu SARS-CoV-2, COVID-19, Lockdown etc.? https://www.facebook.com/watch/?v=409747283542470

09.11.2020

Stummer Protest von (Mitte-)Links, Erbeskopf, 14-16 Uhr

Infotafel 01.1:

Sofortige Beendigung der epidemischen Lage von nationaler Tragweite!

- Wiederherstellung der grundgesetzlichen Überordnung der Legislative über die Exekutive in Bund und Ländern!
-
- Zurück zur vorbehaltlosen Beachtung von Verhältnismäßigkeit, Rechtsstaatlichkeit, Grundgesetzkonformität und Demokratie!
-
- Sofortige Beendigung der Maskenpflicht bei Geburten, im öffentlichen Raum, in Kitas, Schulen und Hochschulen etc.!
-
- 100%ige Entschädigung sämtlicher „Kollateralschäden"!
-
- Gezielter Schutz besonders gefährdeter Menschen!
-
- PCR-Tests gehören auf den Müllhaufen der COVID-19-Geschichte!
-
- Gebote statt Verbote!
-
- Nachhaltige Strategie statt Kurzfrist-Aktionismus!
-
- Mit dem Virus leben lernen!
-
- Kritische Debatte statt obrigkeitsstaatlicher Diktate und Dekrete!

Infotafel 01.2:

Einige politische Grundsätze

1. **Wehret den Anfängen! (Publius Ovidius Naso (Ovid))**

2. **Der Schoß ist fruchtbar noch, aus dem das kroch!
(Bertolt Brecht)**

3. **Wer sich nicht wehrt, der lebt verkehrt! (Spontis)**

4. **Es gibt kein richtiges Leben im falschen, es gibt aber ein richtigeres! (Theodor W. Adorno, Peter Brückner)**

5. **Lieber ein Ende mit Schrecken als ein Schrecken ohne Ende!
(Ferdinand von Schill)**

6. **In Gefahr und höchster Not bringt der Mittelweg den Tod!
(Friedrich von Logau)**

7. **Die Rettung der Welt hängt nur von dem Individuum ab, dessen Welt sie ist. Zumindest muss jedes Individuum so handeln, als ob die gesamte Zukunft der Welt, der Menschheit selbst, von ihm abhinge! (Joseph Weizenbaum)**

8. **Die Philosophen haben die Welt nur verschieden interpretiert, es kommt aber darauf an, sie zu verändern! (Karl Marx)**

9. **Freiheit ist immer Freiheit der Andersdenkenden!
(Rosa Luxemburg)**

10. **Nichts ist wertvoller als Unabhängigkeit und Freiheit!
(Ho Chi Minh)**

11. Mitmachen wollte ich nie! Das Wesen der Kritischen Theorie
ist die unerbittliche Analyse des Bestehenden!
(Leo Löwenthal)

12. Die Konterrevolution ist weitgehend präventiv; in der westli-
chen Welt ist sie das ausschließlich. Hier gibt es keine neuere
Revolution, die rückgängig gemacht werden müsste, und es
steht auch keine bevor. Und doch schafft die Angst vor einer
Revolution gemeinsame Interessen und verbindet verschiedene Stadien und Formen der Konterrevolution von der parlamentarischen Demokratie über den Polizeistaat bis hin zur offenen Diktatur. Der Kapitalismus reorganisiert sich, um der
Gefahr einer Revolution zu begegnen! (Herbert Marcuse)

13. Entweder Übergang zum Sozialismus oder Rückfall in die Bar-
barei! (Friedrich Engels)

14. Wir werden gewinnen! Venceremos! (Che Guevara)

Infotafel 02.1:

Einige politische Forderungen bezogen auf SARS-CoV-2/COVID-19:

Für

1. die sofortige Beendigung der epidemischen Lage von nationaler Tragweite durch den Bundestag!

2. das sofortige Ende des aktuellen Lockdowns (2.0, light) bzw. Shutdowns!

3. die sofortige Wiederherstellung der grundgesetzlichen Überordnung der Legislative über die Exekutive in Bund und Ländern!

4. die sofortige Aufhebung der von der Landesregierung, Bundesregierung und unter-geordneten Behörden beschlossenen oder erlassenen Corona-Bekämpfungsmaßnahmen!

5. die sofortige Rücknahme der im Zusammenhang mit COVID-19 vom Bundestag beschlossenen Änderungen des Infektionsschutzgesetzes!

6. die sofortige Beendigung der Maskenpflicht bei Geburten, im öffentlichen Raum, in Kitas, Schulen und Hochschulen etc.!

7. die sofortige Wiederaufnahme des Normalbetriebs in Kitas, Schulen Hochschulen!

8. den gezielten Schutz besonders gefährdeter Menschen incl. kostenloser Zurverfügungstellung von effektiver Schutzausrüstung etc.!

9. die vorbehaltlose Beachtung von Verhältnismäßigkeit, Rechtsstaatlichkeit und Demokratie bei allen COVID-19-Bekämpfungsmaßnahmen!

10. die sofortige Einstellung der massenweise und substanzlos durchgeführten PCR-Testungen!

11. eine breite, offene, demokratische Debatte in Sachen SARS-CoV-2/COVID-19 bzw. im Umgang mit Epidemien/Pandemien!

12. die Installation von breit aufgestellten Epidemie-/Pandemie-Beratungsgremien!

13. die Wiedereinsetzung des kritischen Denkens und der kritischen Vernunft im politischen Diskurs!

14. die uneingeschränkte Gewährleistung aller Grundrechte!

15. ein Weihnachten 2020 ohne Grundrechtseinschränkungen (Besuchsverbote etc.)!

16. ein Nein zu allen Polizeistaatsmaßnahmen

17. den Ersatz und die Entschädigung aller „Kollateralschäden", die durch die von der Exekutive diktierten rechtswidrigen Corona-Bekämpfungsmaßnahmen entstanden sind (insbesondere im Kultur-, Kunst-, Gaststätten-, Beherbergungsbereich)

18. die sofortige Beendigung der staatlichen Zusammenarbeit mit Lobbygruppen, Stiftungen und sonstigen NGOs, die mit der Pharmaindustrie verbandelt sind: CEPI, GAVI, Bill & Melinda Gates Foundation, Rockefeller Foundation, FIND, etc.!

19. für die Verstaatlichung der Pharmaindustrie!

20. die staatliche Finanzierung und ein Ende der Drittmittelabhän-
gigkeit von Forschung und Lehre an den Universitäten, Hochschulen Fachhochschulen!

21. eine vorzügliche staatliche finanzielle Ausstattung des Bil-
dungssystems!

Infotafel 02.2:

Einige politische Forderungen allgemeiner Art:

Für

1. die Ächtung und Bekämpfung faschistischer, nationalsozialistischer, rassistischer, rechtsextremistischer, menschenverachtender Auffassungen und Bestrebungen in Politik, Wirtschaft und Gesellschaft!

2. das Wahl- und Abstimmungsrecht für alle in der Bundesrepublik Deutschland lebenden Menschen!

3. die Direktwahl der Regierung(sspitz)en in Bund und Ländern durch die Bevölkerung!

4. Volksabstimmungen auf Länder- und Bundesebene in allen wesentlichen Bereichen!

5. Bürgerentscheide auf kommunaler Ebene in allen essentiellen Angelegenheiten!

6. den Austritt der Bundesrepublik Deutschland aus der NATO!

7. den Abzug aller NATO-Truppen aus Deutschland und Schließung aller NATO-Basen in Deutschland!

8. ein Ende der direkten oder indirekten Beteiligung der Bundesrepublik Deutschland an völkerrechtswidrigen Kriegen oder Sanktionen (Syrien, Venezuela etc.)!

9. den Austritt Deutschlands aus der Europäischen Union und der Eurozone!

10. den Aufbau einer demokratischen und ökologischen sozialistischen Gesellschaft!

11. die sofortige Freilassung von Julian Assange!

12. die Rehabilitierung von Edgar Snowden und anderen Whistleblowern!

13. SOZIALISMUS statt GREAT RESET!

Infotafel 02.3:

Beschluss:

102 Jahre danach und in Erinnerung an die ermordeten Rosa Luxemburg und Karl Liebknecht heißt es erneut:

„In dieser Stunde proklamieren wir die freie sozialistische Republik Deutschland"!

Infotafel 02.3:

Infotafel 03.1:

Absurde Zeiten erfordern absurde Gegenmaßnahmen.

Das SARS-CoV-2 Virus „macht" zwar „nur ein paar Leute schwer krank"[1], da es sich aber „sehr leicht (verbreitet)", ist es „eigentlich viel gefährlicher als ein Virus, was Menschen richtig krank macht."

Prof. Dr. Melanie Brinkmann hat mit diesen Worten die ganze Absurdität der aktuellen COVID-19 „Jahrhundertpandemie"[2] unfreiwillig, aber unmissverständlich auf den Punkt gebracht:

Wegen eines Virus, das „nur ein paar Leute schwer krank (macht)", werden Lockdowns, Shutdowns, Grundrechtsbeschränkungen etc. gerechtfertigt, die in der jüngeren Geschichte ohne Beispiel sind und zu viele sprachlos machen.

Verhältnismäßigkeit, Rechtsstaatlichkeit, Grundgesetzkonformität, Demokratie bleiben bei den exekutiv verordneten „Corona-Bekämpfungsmaßnahmen" seit Monaten vollends auf der Strecke.

Zeit, für einen einsamen und stummen Ruf, mangels Wüste im Wald, dort wo sich sonst nur Fuchs und Hase gute Nacht sagen und der Wolf wohl auch nicht mehr fern ist, in luftiger Höhe, 816 Meter über dem Meeresspiegel, auf dem höchsten Gipfelplateau weit und breit, dem Erbeskopf, weit ab von SARS-CoV-2 und COVID-19, auflagegemäß mit Mund-Nasen-Schutz und 1,5m Abstand.

Absurde Zeiten erfordern absurde Gegenmaßnahmen.

---

[1] Professorin Dr. Melanie Brinkmann, Bundespressekonferenz vom 03.11.2020
https://www.youtube.com/watch?v=Bo1Cx-eVkl0

[2] Bundesgesundheitsminister Jens Spahn, ebenda

Infotafel 03.2:

Unverhältnismäßigkeit
oder
„denn sie wissen nicht, was sie tun"

Antwort der Kreisverwaltung Bernkastel-Wittlich vom 02.11.2020 auf einen Antrag auf Informationszugang nach dem Landestransparenzgesetz (LTranspG) in Sachen PCR-Tests und PCR-Testergebnisse vom 18.10.2020:

1. Antrag vom 18.10.2020:

„hiermit beantrage ich Zugang zu Informationen nach dem LTranspG zu folgendem Sachverhalt:

Mitteilung (bzw. Nachweis) bezüglich der - im Landkreis Bernkastel-Wittlich - aktuell (und seit März 2020) zur Ermittlung der COVID-19-Fälle verwendeten PCR (Polymerase Chain Reaction)-Tests über

1. Bezeichnung/Name, Hersteller, Validierung, Standardisierung, Geeignetheit, Sensitivität, Spezifität

2. die prozentuale Höhe der Falsch-Positiv-Raten

3. das, was die verwendeten SARS-CoV-2-PCR-Tests tatsächlich messen bzw. feststellen bzw. worüber sie Auskunft geben hinsichtlich Infektion, Erkrankung, Infektiosität der getesteten Person

4. Anzahl des Ct-Wertes («Cycle Threshold» (Schwellen-Zyklus)), bis zu dem das PCR-Ergebnis aktuell bzw. bisher als positiv gewertet wird bzw. wurde

5. die Anzahl der als positiv bewerteten PCR-Test-Ergebnisse mit einem Ct-Wert > 30

6. die Anzahl der Personen, die bisher PCR-getestet wurden („netto", mehrfach getestete Personen nur genau einmal gezählt)

7. die Anzahl der durchgeführten PCR-Tests, nach Tagen, Wochen

8. die beauftragten Test-Labore und die Art und Weise der Beauftragung (Ausschreibungsverfahren?)

9. die Abrechnungsmodalitäten zwischen Landkreis und Test-Labors"

2. Antwort der Kreisverwaltung vom 02.11.2020

„gerne leite ich die von Ihnen nach dem LTranspG erbetenen und hier verfügbaren Informationen an Sie weiter:

1. Diese Angaben liegen uns nicht vor. Wir erhalten nur das Ergebnis.

2. Auch diese Angaben liegen uns nicht vor. Dies wird nur in wissenschaftlichen Studien gemessen.

3. Die PCR-Tests erfassen genetische Virusbestandteile. Unter Berücksichtigung von Symptomen, Kontakten oder Reisen kann dann ein Getesteter als positiv getestet qualifiziert werden.

4. Diese Angaben liegen uns nicht vor. Sie sind Bestandteil des Laborprozesses. Uns wird lediglich das Endergebnis mitgeteilt.

5. Vgl. 4., diese Informationen liegen uns nicht vor.

6. und 7.:

Diese Informationen sind als kostenfreie einfache schriftliche Auskunft im Sinne des LTranspG nicht verfügbar, da hier der dafür vom Allgemeinen Gebührenverzeichnis vorgegebene Zeitaufwand von 45 Minuten weit überschritten wird.

Die Informationen sind nicht durch Suchparameter abrufbar, sie müssten händisch aus derzeit mehr als 14.000 Datensätzen ausgezählt werden. Dafür müssten von uns nach § 24 Abs. 1 LTransG Kosten festgesetzt werden. Gem. § 2 des Allgemeinen Gebührenverzeichnisses des Landes

Rheinland-Pfalz werden für Personal- und Sachkosten für eine Stunde Zeitaufwand gehobener Dienst 70,04 Euro erhoben. Der Arbeitsaufwand zur Ermittlung der von Ihnen erbetenen Information wird von hier auf etwa 60 Stunden geschätzt, so dass Kosten in Höhe von 4.202,40 Euro anfallen würden. Diese Kosten würden Ihnen allerdings nicht in voller Höhe in Rechnung gestellt Das Allgemeine Gebührenverzeichnis sieht in der lfd. Nr. 1 für Auskünfte vielmehr einen Höchstgebühr von 760 Euro vor. In Anwendung der lfd. Nr. 1 würde von uns angesichts der mit der Auskunft verbundenen umfangreichen Vorbereitungsmaßnahmen der vorgegebene Gebührenrahmen in voller Höhe ausgeschöpft und wir würden eine Gebühr in Höhe der Höchstgebühr von 760,- Euro festsetzen.

Ich bitte um Mitteilung, ob die Auskunft vor dem Kostengesichtspunkt dennoch von uns erteilt werden soll.

8. Als zuständige Landesbehörde wird von uns das Landesuntersuchungsamt in Anspruch genommen und darüber hinaus das Labor Zotz-Klimas. Der Beauftragung des Labors Zotz-Klimas ist ein entsprechendes Ausschreibungsverfahren vorangegangen.

9. Die Abrechnungsmodalitäten richten sich nach den bundesweit geltenden Regelungen. Wir senden die Abrechnungsformulare an die Labore, die mit den kassenärztlichen Vereinigungen abrechnen. Der Bund erstattet den kassenärztlichen Vereinigungen die Kosten. Pro Probe sind 50,50 Euro vorgesehen.

Bez. 6. und 7. bitte ich vor dem Kostengesichtspunkt um Ihre Rückmeldung.“

Infotafel 04.1:

Aushebelung der Rechtsstaatlichkeit

1. Widerspruch gegen mehrere Allgemeinverfügungen des Landkreises Bernkastel-Wittlich in Sachen SARS-CoV-2 vom 24.03.2020

„Widerspruch gegen

1. Allgemeinverfügung der Kreisverwaltung Bernkastel-Wittlich zu weiteren kontaktreduzierenden Maßnahmen aufgrund des Aufkommens von SARS-CoV-2 -Infektionen in Rheinland-Pfalz vom 17.03.2020

2. Allgemeinverfügung der Kreisverwaltung Bernkastel-Wittlich zur Einschränkung der Besuchsrechte für Krankenhäuser, Pflege- und Behinderteneinrichtungen im Zuge der Ausbreitung des Coronavirus SARSCoV-2 (COVID-19) vom 17.03.2020

3. Allgemeinverfügung der Kreisverwaltung Bernkastel-Wittlich zum Entfall von Unterricht und Betreuungsangeboten im Zuge der Ausbreitung des Coronavirus SARSCoV-2 (COVID-19) vom 16.03.2020

4. Allgemeinverfügung zum Umgang mit Veranstaltungen im Zuge der Ausbreitung des Coronavirus SARSCoV-2 (COVID-19) vom 14.03.2020

Morbach, den 24.03.2020

Sehr geehrter Herr Landrat,

hiermit lege ich gegen die oben genannten Allgemeinverfügungen in Sachen SARS-COV-2 (COVID-19) Widerspruch ein.

Begründung:

Ich halte diese Allgemeinverfügungen, die insbesondere auf der Basis des §28 (Schutzmaßnahmen) des Gesetzes zur Verhütung und Bekämpfung von Infektionskrankheiten beim Menschen (Infektionsschutzgesetz –

IfSG) massiv in die/meine „Grundrechte der Freiheit der Person (Artikel 2 Abs. 2 Satz 2 Grundgesetz), der Versammlungsfreiheit (Artikel 8 Grundgesetz) und der Unverletzlichkeit der Wohnung (Artikel 13 Abs. 1 Grundgesetz)" und andere Grundrechte eingreifen, für nicht verhältnismäßig und sogar grundgesetzwidrig.

Das Gesetz zur Verhütung und Bekämpfung von Infektionskrankheiten beim Menschen (Infektionsschutzgesetz - IfSG) ist kein Ermächtigungsgesetz, das es der Exekutive erlaubt, völlig überzogen und unverhältnismäßig oder gar willkürlich diese Grundrechte – wenn auch (pro forma) befristet – einfach so in Teilen oder ganz auszusetzen.

Die Allgemeinverfügungen ergehen aktionistisch und in atemberaubend schneller Folge. Die verfügten Einschränkungen erfolgen ohne unstrittige, hinreichende, insbesondere fundierte wissenschaftliche Begründungen. Sie erfolgen auf der Basis ungesicherter Vermutungen und Annahmen bezüglich der Eigenschaften und Gefährlichkeit des Coronavirus SARS-CoV-2, auf Hochrechnungen/Projektionen hinsichtlich Ausbreitung der Infektionen und der Sterberaten/-fälle, in die sehr viele nicht validierte und/oder geschätzte Parameter eingehen. Die Allgemeinverfügungen setzen unkritisch die Leitlinien der Bundesregierung und der Regierungschefs der Länder um, die sich offenbar im Panik-Modus befinden, nachdem sie das Gesundheitssystem in den letzten Jahren „kaputt" gespart und nicht auf die Bewältigung einer Pandemie ausgerichtet haben, und – das ist das Entscheidende – erfolgen völlig ohne Beteiligung der Legislative.

Wo ist das zugrunde liegende bzw. zugrunde zu legende Pandemie- oder Covid-19-Gesetz?

Dass die Datenbasis völlig unzureichend ist und daher zu uneinheitlichen (willkürlichen?) Schlüssen und Maßnahmen führt, dokumentiert sich z.B. auch darin, dass die Allgemeinverfügungen des Nachbarkreises Birkenfeld oder der Stadt Trier in inhaltlichen Teilen voneinander abweichen, zu unterschiedlichen Zeiten in Kraft treten, verschiedene Befristungen haben (Stand 22.03.2020) und es jetzt auch noch – auf der Basis der 3. Corona-Bekämpfungsverordnung vom 23.03.2020 – zu einem Widerruf der seit 13.03.2020 ergangenen Allgemeinverfügung gekommen ist. Die Verhältnismäßigkeit der verfügten Maßnahmen wird im Übrigen auch nicht dadurch hergestellt, daß sie befristet werden. Vollends ad absurdum geführt wird diese Argumentation dadurch, dass – wie geschehen – eine (alt) Allgemeinverfügung durch eine neue innerhalb des Gültigkeitszeitraums der alten – bei gleichzeitiger Verlängerung des Zeitraumes – abgelöst wird. Damit wird auch das Widerspruchsrecht in Teilen ausgehebelt, im schlimmsten Fall sogar ganz bzw. über einen langen Zeitraum, wenn eine Allgemeinverfügung auf die andere innerhalb der Befristung folgt.

Teil meiner Begründung sind auch folgende beiliegende Veröffentlichungen:

https://multipolar-magazin.de/artikel/coronavirus-ausnahmezustand
https://www.nachdenkseiten.de/upload/pdf/200324-Gabriele-Muthesius-Die-Corona-Krise-neu.pdf
https://en.globes.co.il/en/article-lockdown-lunacy-1001322696
https://www.statnews.com/2020/03/17/a-fiasco-in-the-making-as-the-coronavirus-pandemic-takes-hold-we-are-making-decisions-without-reliable-data/ .

Die Zeiten von Notverordnungen (Brüning) und eines Ermächtigungsgesetzes (Hitler) sind doch wohl Geschichte!?

Ergänzende Ausführungen zur Begründung behalte ich mir vor.

Mit freundlichen Grüßen"

Infotafel 04.2:

2. Widerspruchsbescheid der Kreisverwaltung Bernkastel-Wittlich vom 14.09.2020

3. Widerspruch gegen die Allgemeinverfügung des Landkreises Bernkastel-Wittlich zur Bekämpfung der Corona-Pandemie vom 19. Oktober 2020

„Sehr geehrter Herr Landrat,

hiermit lege ich gegen die oben genannte Allgemeinverfügung in Sachen SARS-COV-2 (COVID-19) Widerspruch ein.

Begründung:

Ich halte diese Allgemeinverfügung für unverhältnismäßig, rechtswidrig und sogar für grundgesetzwidrig, insbesondere Punkt 2: „Die Zahl der Teilnehmer für private Feiern wird auf 10 Personen oder auf die Zusammenkunft der Angehörigen aus höchstens zwei Hausständen begrenzt."

Wie soll eine solche Beschränkung bei einer Familienfeier (Geburtstag z.B. oder perspektivisch an Heiligabend/Weihnachten) praktisch umgesetzt werden, wenn die engere Familie aus 4 Generationen und 10 Haushalten besteht?

Wie beispielsweise soll meine 87-jährige Mutter mit ihren 3 Kindern, 6 Enkeln und 7 Urenkeln zu einer Feier zusammenkommen? Gleichzeitig überhaupt nicht, weil verboten? Stattdessen mehrere z.B. 1-stündige Teil- bzw. Einzelfeiern hintereinander an einem Tag, oder Teilfeiern an mehrere Tagen hintereinander, mit jeweils begrenzter Personen- bzw. Haushaltsanzahl? Oder am besten überhaupt nicht, weil zu kompliziert? Und das alles zu ihrem Schutz?

Das alles ist doch nur noch als absurd zu bezeichnen.

Die einschlägigen Ausführungen des ehemaligen Bundesverfassungsrichters Hans-Jürgen Papier im beiliegenden NZZ-Interview sind Bestandteil meiner Begründung. Weitere Ausführungen zur Begründung (u.a. hinsichtlich der mangelnden Evidenz der 7-Tage-Inzidenz >= 50) behalte ich mir vor.

Mit freundlichen Grüßen"

Infotafel 05.1:

4. kein Widerspruchsbescheid, stattdessen Verkündung der Zweiten Allgemeinverfügung des Landkreises Bernkastel-Wittlich zur Bekämpfung der Corona-Pandemie vom 26.10.2020

5. Widerspruch gegen die Zweite Allgemeinverfügung des Landkreises Bernkastel-Wittlich vom Wittlich zur Bekämpfung der Corona-Pandemie vom 26. Oktober 2020

„Sehr geehrter Herr Landrat,

hiermit lege ich auch gegen die oben genannte Allgemeinverfügung in Sachen SARS-COV-2 (COVID-19) Widerspruch ein.

Begründung:

So langsam aber sicher komme ich mir als mündiger und kritischer Staatsbürger - und ehemaliger Sozialkundelehrer, der die Existenz und Gefährlichkeit (für Risikogruppen) des SARS-CoV-2 Virus keineswegs Weise leugnet, doch einigermaßen „verarscht" vor. Dies ist nun mein dritter Widerspruch gegen Allgemeinverfügungen des Landkreises Bern-kastel-Wittlich in Sachen COVID-19. Ich werde es ab jetzt zwar sportlich nehmen, aber ich halte diese atemberaubend schnelle Abfolge von All-gemeinverfügungen für schlicht rechtsstaatswidrig. Völlig unabhängig davon, ob einzelne oder alle verfügte Maßnahmen sinnvoll sind oder sein könnten. Und es ist ja schließlich auch kein Spiel.

War es Ende März so, dass die Allgemeinverfügungen des Kreises inner-halb der Widerspruchsfrist durch die 3. Corona-Bekämpfungsverordnung des Landes aufgehoben und ersetzt worden waren und seither eine Corona-Bekämpfungsverordnung des Landes die andere jagt, sind wir jetzt wieder auf Kreisebene angelangt und eine Allgemeinverfügung jagt nun wieder die andere innerhalb der jeweiligen Widerspruchsfrist bzw. des begrenzten Gültigkeitszeitraumes.

So wird das Widerspruchsrecht völlig ad absurdum geführt und seines Sinnes vollständig beraubt. Deutschland im Herbst 2020: absurde Zu-stände!

Inhaltlich halte ich auch diese Allgemeinverfügung für unverhältnismä-ßig, unangemessen, rechtswidrig und ebenfalls für grundgesetzwidrig, vor allem die Maskenpflicht im Unterricht, bei der m. E. sogar der Ver-dacht der vorsätzlichen Körperverletzung bei Kindern und Jugendlichen im Raum steht.

Allein die schnelle Abfolge der Allgemeinverfügungen (insbesondere „die geringe Halbwertzeit" (Landrat Gregor Eibes) der letzten beweist, dass die verfügten Maßnahmen unverhältnismäßig bzw. unangemessen sind, da unausgegoren, nicht zu Ende gedacht, panisch verfasst, aktionistisch erlassen, und eine überzeugende, nachvollziehbare (wissenschaftliche) Evidenz-Basis offenbar nicht vorhanden ist. Die Vorgehensweise der Exe-kutive, die inzwischen über fast 8 Monate an der Legislative vorbei eine Verordnung nach der anderen erlässt, macht das Ganze nur noch schlim-mer und eines Rechtsstaates unwürdig.

Die Begründungen meiner bisherigen Widersprüche übernehme ich in-haltlich in diese Begründung. Zusätzlich ergänze ich - ebenfalls als Teil meiner Begründung - die dem letzten Widerspruch beigefügten einschlä-gigen Ausführungen des ehemaligen Bundesverfassungsrichters Hans-Jürgen Papier durch, ebenfalls beigefügt,

1. die einschlägigen Mahnungen des Präsidenten des Verfassungsgerichtshofes Rheinland-Pfalz, Lars Brocker (ntv) und

2. die einschlägige Kritik des Epidemiologen, Facharztes für Öffentliches Gesundheitswesen und Leiters des Gesundheitsamts im bayrischen Landkreis Aichach-Friedberg, Dr. Friedrich Pürner (Aichacher Zeitung, Samstag 24.10.2020, S. 19)

**3. den Artikel „Kritik an Corona-Strategie: Ärzte stellen sich hinter Amtsleiter" aus der Augsburger Allgemeinen
Auch behalte ich mir weitere Ausführungen zur Begründung (u.a. hinsichtlich der mangelnden Evidenz der 7-Tage-Inzidenz >= 50) - nach wie vor - vor.**

Inzwischen ziemlich verärgert, aber trotz alledem

mit freundlichen Grüßen"

6. kein Widerspruchsbescheid, stattdessen Verkündung der Aufhebung der Zweiten Allgemeinverfügung des Landkreises Bernkastel-Wittlich vom Wittlich zur Bekämpfung der Corona-Pandemie vom 02.11.2020 mit Bezug auf die am 30. Oktober 2020 erlassene 12.Corona-Bekämpfungsverordnung Rheinland-Pfalz (CoBeLVO)

7. Fortsetzung der Willkür folgt?

Infotafel 06.1:

Einschränkung der Meinungsfreiheit

**Dr. med. Friedrich Pürner,
Facharzt für Öffentliches Gesundheitswesen, Epidemiologe, Leiter des
Gesundheitsamts des bayrischen Landkreises Aichach-Friedberg,**

**Nach sachlicher und kompetenter Kritik an den Corona-Bekämpfungs-
maßnahmen der Staatsregierung Bayerns gegen seinen Willen zwangs-
versetzt!!!**

„Dr. Friedrich Pürner, MPH
@DrPuerner

Nach Kant hat entweder alles einen Preis oder eine Würde. Ich wähle die
Würde! Den Preis zahle ich gerne. Ärzte dürfen nicht schweigen. Niemals!!

#COVID19 #Corona #coronavirus #Covidioten #CancelCulture #Pande-
mie #Grundrechte #Meinungsfreiheit

6:05 nachm. · 3. Nov. 2020·Twitter for iPhone"

https://twitter.com/DrPuerner/status/1323672699726667777

28.10.2020

Kommentar auf der Facebook-Seite des Trierischen Volksfreundes zum Artikel vom 28.10.2020: „Landrat Schartz: Gaststätten müssen offen bleiben!":

Wann endlich wird die Aussagekräftigkeit der PCR-Tests, mit denen die "Infektionsfälle" labortechnisch festgestellt werden, auf den Prüfstand bzw. in Frage gestellt, obwohl es eine Vielzahl falsch-positiver Ergebnisse gibt? Und trotzdem und nach wie vor alle Maßnahmen zuallererst auf den positiven PCR-Test-Ergebnissen fußen!

Ein paar Anmerkungen dazu, wie fragwürdig das ist:

1. die falsch-positiven Ergebnisse werden nach Negativ-Testung aus der Anzahl der "Infektionsfälle" (= positive Tests!) nicht herausgerechnet

2. nicht die Anzahl der positiv getesteten Personen wird als „Infektionsfälle" gezählt, sondern alle fasch-positiven und positiven Tests werden aufsummiert. Das heißt, eine mehrfach positiv oder falsch-positiv getestete Person geht nicht genau einmal, sondern mehrfach in die Statistik ein.

3. auch schwach-positive Tests (mit Ct-Wert größer als 30) werden als Fälle übernommen, obwohl keine Infektiosität bzw. Ansteckungsgefahr vorliegt. (Cycle Threshold = Vermehrungszyklen beim PCR-Test)

Selbst der Virologe Christian Drosten hat erst vor zwei Tagen bei einem Vortrag auf dem Weltgesundheitsgipfel WHS 2020 (https://www.worldhealthsummit.org/) auf das Problem mit den falsch-positiven PCR-Tests hingewiesen und gesagt, dass bei der PCR-Testung mehr auf die Infektiosität statt auf die Infektion geschaut werden sollte.

Wörtlich sagte er unter anderem:

„As in many other European countries our public health agencies are now beginning to loose track of cases (...) We consider an emergency mode based on retrospective cluster tracing but this not really completely worked out."

„We also consider an introduction of a testing for infectivity rather than infection based on PCR using viral load criterion."

„These are two major developments now that are in discussion in Germany that may help to modify the public health response hopefully very soon."

Auf einer Folie: „cut number of of epidemiologically false positives" „cut isolation time"

Quelle zu Drosten:

https://www.youtube.com/watch?v=H2d6UceH6gk&feature=youtu.be
(im Vortrag von Ch. Drosten, Minuten 12:48 - 13:34)

Quelle zu Ct-Wert z.B.:

https://www.deutsche-apotheker-zeitung.de/news/artikel/2020/10/22/ct-wert-als-mass-fuer-die-infektiositaet

28.10.2020

Antwort auf eine Antwort zu meinem Kommentar auf der Facebook-Seite des Trierischen Volksfreundes zum Artikel vom 28.10.2020: „Warum Malu Dreyer für einen Teil-Lockdown ist"

Weitere Probleme bei diesen vielen falsch-positiven Tests bzw. den PCR-Tests überhaupt sind:

1. die falsch-positiven Ergebnisse werden nach Negativ-Testung aus der Anzahl der "Infektionsfälle" (= positive Tests!) nicht herausgerechnet

2. nicht die Anzahl der positiv getesteten Personen wird als „Infektionsfälle" gezählt, sondern alle fasch-positiven und positiven Tests werden aufsummiert. Das heißt, eine mehrfach positiv oder falsch-positiv getestete Person geht nicht genau einmal, sondern mehrfach in die Statistik ein.

3. auch schwach-positive Tests (mit Ct-Wert größer als 30) werden als Fälle übernommen, obwohl keine Infektiosität bzw. Ansteckungsgefahr vorliegt. (Cycle Threshold = Vermehrungszyklen beim PCR-Test)

Der Wahnsinn hat Methode!

Selbst der Virologe Christian Drosten hat erst vor zwei Tagen bei einem Vortrag auf dem Weltgesundheitsgipfel WHS 2020 (https://www.world-healthsummit.org/) auf das Problem mit den falsch-positiven PCR-Tests hingewiesen und gesagt, dass bei der PCR-Testung mehr auf die Infektiosität statt auf die Infektion geschaut werden sollte.

Wörtlich sagte er unter anderem:

„As in many other European countries our public health agencies are now beginning to loose track of cases (...) We consider an emergency mode based on retrospective cluster tracing but this not really completely worked out."

„We also consider an introduction of a testing for infectivity rather than infection based on PCR using viral load criterion. These are two major developments now that are in discussion in Germany that may help to modify the public health response hopefully very soon."

Auf einer Folie: „cut number of of epidemiologically false positives" „cut isolation time"

Quelle zu Drosten:

https://www.youtube.com/watch?v=H2d6UceH6gk&feature=youtu.be (im Vortrag von Ch. Drosten, Minuten 12:48 - 13:34)

Quelle zu Ct-Wert z.B.:

https://www.deutsche-apotheker-zeitung.de/news/artikel/2020/10/22/ct-wert-als-mass-fuer-die-infektiositaet

28.10.2020

Kommentar auf der Facebook-Seite des Trierischen Volksfreundes zum Artikel vom 28.10.2020: „Warum Malu Dreyer für einen Teil-Lockdown ist"

Was geht hier nur vor?

Es gibt Mahnungen genug, z.B.:

https://www.mehr-demokratie.de/themen/corona-und-demokratie/unsere-forderungen/

https://www.focus.de/regional/hamburg/hamburger-kv-chef-im-interview-bei-entscheidern-ueber-deutsche-corona-strategie-ist-noch-immer-alles-schwarz-schwarz-schwarz_id_12582539.html

Aber auch die rheinland-pfälzische Landesregierung bleibt offenbar nach der selbstzerstörerischen Devise: „Selbstmord aus Angst vor dem Tod" auf dem einmal eigeschlagenen Weg.

Angst, Anzahl der "Neuinfektionen" und die nach wie vor - vollständig - an den gewählten Parlamenten vorbei getroffenen Bekämpfungsmaßnahmen der Exekutive basieren einzig auf dem äußerst fragwürdigen PCR-Test, der reihenweise falsch-positive Ergebnisse liefert, ob beim 1. FC Heidenheim oder im Krankenhaus in Taufkirchen:

https://www.sueddeutsche.de/sport/fussball-raetsel-um-falsche-positiv-tests-1.5093562

https://www.merkur.de/bayern/corona-test-bayern-ergebnisse-panne-isar-amper-klinik-taufkirchen-pcr-test-zr-90082728.html

Wo soll das enden, wenn dieser Irrweg nicht sofort verlassen wird?

Weihnachten 2020 mit Polizei-Razzien unter dem Weihnachtsbaum im privaten Raum?

Deutschland im Herbst 2020: absurde Zeiten!

25.10.2020

Kommentar auf der Facebook-Seite des Trierischen Volksfreundes zum Artikel vom 25.10.2020: „Premiere am Platz an der Lieser: Wittlicher Stadtrat demonstriert gegen Corona-Demos"

Lieber Volksfreund,

würdest Du Herrn Dr. Friedrich Pürner, seines Zeichens immerhin Epidemiologe, Facharzt für Öffentliches Gesundheitswesen und Leiter des Gesundheitsamts im bayrischen Landkreis Aichach-Friedberg auch in die Rubrik Corona-Leugner, Aluhutträger, Verschwörungstheoretiker bzw. -ideologe, Antisemit etc. einordnen? Ich könnte es nicht.

https://twitter.com/DrPuerner

18.10.2020

E-Mail an die Kreisverwaltung Bernkastel-Wittlich

An die Kreisverwaltung Bernkastel-Wittlich
Gesundheit FB 33
Kurfürstenstraße 16
54516 Wittlich

Morbach, den 18.10.2020

Sehr geehrte Damen und Herren,

hiermit beantrage ich Zugang zu Informationen nach dem LTranspG zu dem im beigefügten Anhang näher beschriebenen Sachverhalt bezüglich der - im Landkreis Bernkastel-Wittlich - aktuell (und seit März 2020) zur Ermittlung der COVID-19-Fälle verwendeten PCR(Polymerase Chain Reaction)-Tests und -Testergebnisse.

Vielen Dank im Voraus

Mit freundlichen Grüßen

Rainer Stablo

P.S. Eine Kopie dieser E-Mail/dieses Antrages geht nachrichtlich an den Landrat, den Datenschutzbeauftragten und die Vorsitzenden des Kreistages des Landkreises Bernkastel-Wittlich, sowie den Landesbeauftragten für den Datenschutz und die Informationsfreiheit Rheinland-Pfalz

Anhang:

„Absender/Antragsteller Rainer Stablo, (…)
Morbach, den 18.10.2020
Antrag auf Informationszugang nach dem Landestransparenzgesetz (LTranspG)

Sehr geehrte Damen und Herren,

hiermit beantrage ich Zugang zu Informationen nach dem LTranspG zu folgendem Sachverhalt:

Mitteilung (bzw. Nachweis) bezüglich der - im Landkreis Bernkastel-Wittlich - aktuell (und seit März 2020) zur Ermittlung der COVID-19-Fälle verwendeten PCR(Polymerase Chain Reaction)-Tests über

1. Bezeichnung/Name, Hersteller, Validierung, Standardisierung, Geeignetheit, Sensitivität, Spezifität

2. die prozentuale Höhe der Falsch-Positiv-Raten

3. das, was die verwendeten SARS-CoV-2-PCR-Tests tatsächlich messen bzw. feststellen bzw. worüber sie Auskunft geben hinsichtlich Infektion, Erkrankung, Infektiosität der getesteten Person

4. Anzahl der Ct-Wertes («Cycle Treshold» (Schwellen-Zyklus)), bis zu dem das PCR-Ergebnis aktuell bzw. bisher als positiv gewertet wird bzw. wurde

5. die Anzahl der als positiv bewerteten PCR-Test-Ergebnisse mit einem Ct-Wert > 30

6. die Anzahl der Personen, die bisher PCR-getestet wurden („netto", mehrfach getestete Personen nur genau einmal gezählt)

7. die Anzahl der durchgeführten PCR-Tests, nach Tagen, Wochen

8. die beauftragten Test-Labore und die Art und Weise der Beauftragung (Ausschreibungsverfahren?)

9. die Abrechnungsmodalitäten zwischen Landkreis und Test-Labors

Die Auskunftserteilung soll in folgender Form erfolgen: (zutreffendes ankreuzen)

X Erteilung einer schriftlichen Auskunft   Gewährung von Akteneinsicht

Nach Ermessen der Behörde
Sonstige Form: _________________________________

 (z.B. Übersendung von Kopien)

Mit Verweis auf § 12 Abs. 3 Satz 1 LTranspG bitte ich Sie, mir die begehrten Informationen unverzüglich zugänglich zu machen.
(ggf. ankreuzen)

X Eine besondere Eilbedürftigkeit besteht, da die PCR-Tests bzw. -Testergebnisse derzeit den einzigen Indikator/Maßstab für die Auslösung weitreichender Grundrechtseinschränkungen darstellen.

Rechte Dritter werden durch meinen Antrag nicht betroffen; andernfalls bitte ich darum, mir Gelegenheit für eine Stellungnahme einzuräumen.
(ggf. ankreuzen)

X Mit der Schwärzung personenbezogener Daten in den amtlichen Informationen bin ich einverstanden.

Ausschlussgründe stehen m.E. dem Antrag nicht entgegen.

Meines Erachtens handelt es sich um eine einfache schriftliche Auskunft, für die nach § 24 Abs. 1 Satz 2 LTranspG keine Gebühren anfallen. Sollte der Informationszugang gebührenpflichtig sein und/oder sollten Auslagen anfallen, bitte ich, mir dies vorab mitzuteilen und dabei die Höhe der Kosten und/oder Auslagen anzugeben.

An die
Kreisverwaltung Bernkastel-Wittlich
Fachbereich_33_Gesundheit
Kurfürstenstr._16,_54516_Wittlich

____
____

____

Sollten Sie für diesen Antrag nicht zuständig sein, bitte ich Sie, ihn an die zuständige Behörde weiterzuleiten und
mich darüber zu unterrichten. (ggf. ankreuzen)

X Bitte lassen Sie mir eine Eingangsbestätigung zukommen.

Mit freundlichen Grüßen"

17.10.2020

Weitere Antwort auf einen Kommentar von Andreas Eibes auf der Face-book-Seite des Trierischen Volksfreundes zum Artikel vom 16.10.2020: „Verkaufsoffener Sonntag: Die Prümer dürfen doch nicht"

Lieber Andreas, warum so knapp und so ausweichend?

Die von mir angeführten Vergleichszahlen sollen deutlich machen, dass die allgemein-gesellschaftliche Akzeptanz virusbedingter Lebensrisiken (in Deutschland bzw. weltweit) bis zum Beginn des Jahres 2020 weit, weit höher lag als seither.

Die logisch sich anschließende Frage ist:

Warum ist die Akzeptanzschwelle so stark abgesunken, obwohl die tatsächliche Gefährdungslage für die Bevölkerung (in Deutschland) nicht unbedingt höher, sondern sogar eher niedriger liegt als während der schweren(!) Grippe-Pandemien bzw. -Epidemien in früheren Jahren? Ist sie gar bewusst abgesenkt worden? Oder was hat sich verändert? Woher kommt insbesondere die panische Angst?

(Einschub zur Gefährdungslage: Aktuell kommen auf ca. 780.000.000 Infizierte (10% der Weltbevölkerung) ca. 1.100.000 Sterbefälle. (lt. Michael J. Ryan (WHO): „our current best estimates tell us that about 10 % of the global populations may have been infected by this virus. This varies depending on countries, varies from urban to rural, it varies between (...) different groups." Quelle: https://www.who.int/news-room/events/detail/2020/10/05/default-calendar/executive-board-special-session-on-the-covid19-response , ab ca. 1:01:32 , Special session on the implementation of Resolution WHA 73.1 12-15 Uhr).

Die IFR (Infection Fatality Rate) dürfte daher aktuell bei 0,14% liegen, die Mortalität (1.100.000/7.800.000.000) folglich bei einem Zehntel davon: 0,014%, was derzeit 14/100.000 entspricht. Zum Vergleich: Eine normale(!) Grippe hat eine IFR von ca. 0,13%. Die Mortalität erhöht sich logischerweise so lange wie neue Sterbefälle von Infizierten hinzukommen. Ob die IFR dabei aber auch steigen wird? Ganz abgesehen davon, dass ein positives PCR-Test-Ergebnis nicht unbedingt gleichbedeutend sein muss mit infiziert oder infektiös.

Bis zu 40/100.000 (Asiatische Grippe 1957/58) bzw. 60/100.000 (Hongkong-Grippe 1969/70) ist es noch ein weiter Weg. Diese Raten werden mit hoher Wahrscheinlichkeit weder überschritten noch erreicht werden.)

Damit verbunden ist die Frage nach der Verhältnismäßigkeit und Rechtsstaatlichkeit der staatlichen Corona-Bekämpfungsmaßnahmen, die seit dem 25. März 2020 alleine von der Exekutive ohne Beteiligung der Legislative und ohne demokratische Debatte verordnet werden.

Und auch diese Fragen - Du erlaubst, dass ich mich selbst zitiere - drängen sich m.E. auf:

„Wohin soll es führen, wenn jede schwere Grippe-, jede neue Virus-Pandemie, die mit absoluter Sicherheit über kurz oder lang kommen werden, in den Lockdown oder zu erneuter massiver Außerkraftsetzung oder Einschränkung von Grundrechten führen soll, wie dies seit nunmehr 8 Monaten geschieht?

Soll der Ausnahmezustand zum Dauerzustand werden? Zur neuen Normalität?"

Eine substanzielle Antwort Deinerseits wäre schön.

16.10.2020

Kommentar auf der Facebook-Seite des Trierischen Volksfreundes zum Artikel vom 16.10.2020: „Der Kreis Bernkastel-Wittlich ist in Corona-Alarmbereitschaft – Warnstufe rot könnte am Wochenende kommen"

Na dann, Frohe Weihnachten 2020!

Die private Weihnachtsfeier an Heiligabend (und am 1./2. Weihnachtsfeiertag), wie wir sie in unserer Familie seit Jahren kennen und zu der sich bisher gleichzeitig bis zu vier Generationen aus bis zu 5 Haushalten zusammenfanden, wird bußgeldbewehrt durch eine Allgemeinverfügung des Landkreises verboten!

Ein absurder Gedanke?

Nein! Keineswegs!

Falls die zu erwartende Allgemeinverfügung des Landkreises Bernkastel-Wittlich sich in dieselbe Richtung bewegen wird, wie diejenige des Landkreises Vulkaneifel, und sie bis über die Weihnachtsfeiertage hinweg Gültigkeit haben sollte, könnte bzw. soll das traurige Realität werden.

Dann würde die Weihnachtsfeier (m)einer 87-jährigen Mutter mit ihren 3 Kindern, 6 Enkeln und 7 Urenkeln verboten sein! Zwar gegen ihren Willen, aber vorgeblich zu ihrem Schutz vor einer Infektion durch SARS-CoV-2!

Da stellt sich die Frage: wo leben wir inzwischen eigentlich?

In Absurdistan?

Ist das noch die Bundesrepublik Deutschland, wie wir sie bis Anfang März 2020 kannten, ein republikanischer, demokratischer und sozialer Rechtsstaat?

Für den Fall, dass es durch eine Allgemeinverfügung des Landkreises Bernkastel-Wittlich zu dieser massiven Einschränkung von Grundrechten zu Weihnachten kommen wird, kündige ich schon jetzt meinen rechtsförmigen Widerspruch gegen diese Allgemeinverfügung an, wegen Unverhältnismäßigkeit und Rechtswidrigkeit.

16.10.2020

Antwort auf einen Kommentar von Andreas Eibes auf der Facebook-Seite des Trierischen Volksfreundes zum Artikel vom 16.10.2020: „Verkaufsoffener Sonntag: Die Prümer dürfen doch nicht"

Lieber Andreas, nur ein paar Bemerkungen zum Nachdenken:

mit Deiner rigiden Einstellung zu virusbedingten Lebensrisiken, wäre sie in den 1950er, 1960/70er oder 2010er Jahren schon - weltweit - die Vorherrschende gewesen, hätte es das "deutsche Wirtschaftswunder" nach dem 2. Weltkrieg mit Sicherheit nicht gegeben.

Das wäre spätestens abgewürgt worden, als bei der Asiatischen Grippe-Pandemie 1957/58 in (Gesamt-)Deutschland eine Sterberate (Mortalität) von 40/100.000 zu verzeichnen war.

Auch später bei der Hongkong-Grippe-Pandemie 1969/70, bei der sogar 60 Sterbefälle auf 100.000 Bewohner kamen, hätte es nach Deiner Logik einen Super-Lockdown und massivste Grundrechtseinschränkungen geben müssen.

Wohin soll es führen, wenn jede schwere Grippe-, jede neue Virus-Pandemie, die mit absoluter Sicherheit über kurz oder lang kommen werden, in den Lockdown oder zu erneuter massiver Außerkraftsetzung oder Einschränkung von Grundrechten führen soll, wie dies seit nunmehr 8 Monaten geschieht?

Soll der Ausnahmezustand zum Dauerzustand werden? Zur neuen Normalität? Hier wie bei der Frage der Atomkraftnutzung in den 1970ern sage ich: Nein danke!

Im Übrigen: die aktuelle COVID-19-Sterberate liegt bundesweit bei ca. 12/100.000 (im Landkreis Bernkastel-Wittlich bei 2/100.000).

Um nicht missverstanden zu werden: Das SARS-CoV-2-Virus ist real, es gibt auch schwere Krankheitsverläufe, möglicherweise auch mit Langzeitfolgen, es gibt durch dieses Virus bedingte Sterbefälle, insbesondere in den Risikogruppen.

Was aber macht die COVID-19-Pandemie so außergewöhnlich, nicht im Vergleich zu einer normalen Grippe, sondern im Vergleich zu den oben genannten schweren Grippe-Pandemien oder anderen schweren Verläufen (z.B. Epidemie 2017/18), dass von den politisch Verantwortlichen so rigoros reagiert werden muss, und das weltweit?

Macht es nicht langsam stutzig, dass immer mehr Gerichtsentscheidungen die Unverhältnismäßigkeit und Rechtswidrigkeit von staatlich verordneten Corona-Bekämpfungsmaßnahmen feststellen und diese Maßnahmen aufheben?

Wo bleibt das kritische Denken in diesen Zeiten?

15.10.2020

Kommentar auf der Facebook-Seite des Trierischen Volksfreundes zum Artikel vom 15.10.2020: „Dreyer: „Mehr Maske, weniger Party" - Land verschärft Maßnahmen gegen Pandemie"

Das Corona-Bekämpfungsmaßnahmen-Karussell der Landesregierung(en) scheint - warum auch immer - inzwischen vollkommen frei zu drehen.

Daher ein paar Fakten und Gedanken - eines schon etwas älteren Semesters - zur Relativierung:

Die aktuelle COVID-19-Sterberate (Mortalität) im Landkreis Bernkastel-Wittlich liegt bei ca. 2/100.000. Zwei Verstorbene auf 110.000 Einwohnerinnen und Einwohner. Deutschlandweit liegt sie aktuell bei ca. 12/100.000. Auf 83.000.000 Menschen kommen derzeit rund 10.000 COVID-19-Tote.

Die Sterberate der Asiatischen Grippe-Pandemie 1957/58, die ich als Kind (üb)erlebt habe, lag in Gesamt-Deutschland bei 40/100.000. Auf 100.000 Einwohner kamen also 40 Sterbefälle. Bei einer Gesamtbevölkerung von 72.000.000 Menschen waren insgesamt 29.000 Grippetote zu beklagen.

Bei der Hongkong-Grippe-Pandemie 1969/70, die ich als Jugendlicher (üb)erlebt habe, lag die Sterberate sogar noch höher. Sie betrug 60/100.000. Bei einer Gesamtbevölkerung von 78.000.000 starben damals grippebedingt 47.000 Menschen.

(Einschub in Klammern: Eine weitere, ganz konkrete Sterberate, die wir damals zu gewärtigen hatten und die bis heute unvergessen ist, war dem Straßenverkehr zu Anfang der 1970er Jahren geschuldet. In Westdeutschland betrug sie in den Jahren 1970, 1971 und 1972 sage und schreibe jährlich 31/100.000 bzw. 19.000 Tote auf 61.000.000 Menschen)

Keine der beiden Pandemien, an die ich mich im Übrigen nicht wirklich erinnern kann, führte zu Regierungsmaßnahmen, die auch nur annähernd so weit gingen, wie es die staatlich verordneten COVID-19-Bekämpfungsmaßnahmen des Jahres 2020 tun.

Wie ist dieser Unterschied im Handeln der politisch Verantwortlichen zu erklären?

Warum verhält sich die Bevölkerung so anders?

Größere Gefahr, Bedrohung, Angst? Tatsächlich oder gefühlt oder eingebildet oder suggeriert oder propagiert?

Niedrigere Akzeptanzschwelle für allgemeine, insbesondere naturbedingte Lebensrisiken als vor Jahren?

Wodurch bedingt oder begründet?

Wie ist es andererseits zu erklären, dass anderen Lebensrisiken nach wie vor mit Gleichmut und vergleichsweise kritikloser Akzeptanz begegnet wird, seien es - persönlich oder im engeren Umfeld - z.B. Bedrohung, Krankheit und Tod durch Alkohol, Drogen, Tabak, Verkehr, Atomkraftnutzung - oder - im übrigen Teil der Welt - Kriege, Krankheit, Elend und Hunger(tod)?

Es bleibt - wie so oft - die wohl alles entscheidende Frage: Wem nützt das Ganze?

Cui bono?

06.10.2020

Kommentar auf der Facebook-Seite des Trierischen Volksfreundes zum Artikel vom 06.10.2020: „Neue Corona-Fälle rund um Thalfang hängen zusammen"

Es nimmt einfach kein Ende.

Auch der Volksfreund macht leider unverdrossen weiter. Seinem eigenen Namen wird er in Sachen SARS-COV-2 noch immer nicht gerecht. Die regierungs-offizielle Lesart und Erzählung wird einfach unkritisch widergekäut und statt (angekündigter) Aufklärung gibt es nur eine sinn- und inhaltsleere Aneinanderreihung von Zahlen und insbesondere undefinierten Begriffen: "Corona-Fälle", "279 gemeldete Infektionen", "13 Fälle", "13 Coronafälle", "Fälle", "Infektionsherd", "infiziert", "Fallzahl", "ein Fall", "Fälle", "Einzelfälle", "Corona-Infizierter", "das Virus weitergegeben", "neue Fälle", "Fälle", "33 gemeldete Infektionen", "19 akute Corona-Infektionen", "gelten als infiziert", "Fallzahlen", "Corona-Fälle", "Fallzahlen", "neu infiziert", "Corona-Fälle", "Corona-Infektion".

Keinerlei Information über den Unterschied zwischen PCR-Test-positiv und Gesund/Infektion/Erkrankung/Infektiosität, die Schwere der "Fälle", die Tauglichkeit oder Untauglichkeit von PCR-Test und Alltagsmasken etc..

Selbst die ARD kann dies inzwischen besser: https://www.daserste.de/information/nachrichten-wetter/ard-extra/videosextern/ard-extra-die-corona-lage-344.html (ab 11:34).

Zur wirklichen Aufklärung könnte der Trierische Volksfreund dadurch beitragen, dass er mal nachfragen und auf eine Beantwortung drängen würde, welche PCR-Tests oder Schnelltests denn konkret benutzt wurden/werden, wie hoch deren Falsch-Positiv-Raten sind, ob routinemäßig eine Person einmal oder mehrfach getestet wird, wie "krank" die positiv Getesteten sind, welcher Altersgruppe sie angehören und und und.

Die Aufrechterhaltung von Angst und Panik in Sachen COVID-19 auch durch mangelnde Aufklärung muss endlich aufhören.

05.10.2020

E-Mail an Diether Dehm (diether.dehm@bundestag.de): Wo bleibt der linke Widerstand gegen die unsäglichen Corona-Bekämpfungsmaßnahmen und deren Folgen, hier: Forensiker Michael Tsokos "Kollateralschäden" in Berlin, "hochgradig fäulnisveränderte Leichen"?

Lieber Diether,

obwohl ich mittlerweile den Eindruck gewinnen musste, dass Du von außerhalb Deiner politischen Blase nicht erreichbar bist, - ganz im Sinne des Karl Liebknechtschen Trotz alledem! - ein erneuter Versuch, doch mal eine (substanzielle) Reaktion von Dir zu erhalten.

Ist es nicht an der Zeit, dass DIE LINKE oder wenigstens ein signifikanter Teil davon (incl. Deiner Person) in Sachen SARS-CoV-2 endlich aufwacht und zu (marxistischer/dialektischer) Kritik zurück findet, und so ganz nebenbei nicht weiterhin der AfD, FDP und anderen Rechten oder Rechtsextremen mutwillig und ohne Not das Feld überlässt?

Maskenpflicht im Bundestag? Maskenpflicht in Schulen, z.T. gar im Unterricht? Maskenpflicht in der Öffentlichkeit? Sinnhaftigkeit von fabric masks (WHO) und anderen Masken im öffentlichen Raum? Risikogebiete all überall? Aussagekraft der PCR-Tests? Wirkliche Gefährlichkeit von COVID-19? Massenhafte Quarantäne? Alles keine Themen für eine kritische LINKE?

Machen nicht einmal folgende Aussagen von Michael Tsokos, dem Rechtsmediziner der Charité in Berlin, über "Kollateralschäden" stutzig?

Zitat Michael Tsokos: "wir haben natürlich als Rechtsmediziner viel weniger COVID-19 Tote, sondern vielmehr die Kollateralschäden, die wir jetzt sehen, allein letzte Woche mehrfach Menschen obduziert, die seit dem Lockdown nie wieder aus ihrer Wohnung raus sind, die da wirklich jetzt hochgradig fäulnisverändert in Messi-Wohnungen lagen, mit Gasmasken, mit Astronautennahrung, also fast schon preppermäßig vorbereitet, die auch keiner vermisst hat. Und das sehen wir jetzt ganz viel, dass Wohnungen aufgemacht werden, und da werden auch hochgradig fäulnisveränderte Leichen gefunden von Menschen, die nicht ins Krankenhaus gegangen sind, weil ihnen eben aufgrund der ganzen Drohszenarien, die aufgemacht wurden, die Angst überwog rauszugehen. Da sehen wir schon ganz andere Bilder im Moment."

Quelle: NDR Talk Show Sendung vom 02.10.2020

https://www.ndr.de/fernsehen/sendungen/ndr_talk_show/ndrtalk-show6208-amp.html

Wäre es nicht angebracht, zumindest mal kleine Anfragen zu dieser Art (und anderen) "Kollateralschäden" und ihrem Umfang zu stellen (in Bundestag, Landtagen, Abgeordnetenhäusern)? Und Schlüsse zu ziehen?

In diesem Sinn und mit der Erwartung verbunden, doch einmal eine (substanzielle, persönliche) Antwort von Dir zu erhalten (mindestens mal eine E-Mail), und

mit roten Grüßen

Rainer Stablo

03.10.2020

Kommentar auf der Facebook-Seite des Trierischen Volksfreundes zum Artikel vom 03.10.2020: „Lafontaine eckt erneut mit linker Migrationskritik an"

Eine kleine Denkanregung zur linken Kritik an Oskar Lafontaine:

So wie Wachstum von Wirtschaft bzw. Bruttoinlandsprodukt (BIP) auf der begrenzten Erde niemals unbegrenzt sein kann, so ist "unbegrenzte Zuwanderung (...) logischerweise ein Ding der Unmöglichkeit.

Auch ein Land, das noch so migrationsfreundlich ist, kann nicht beliebig viele, im Extremfall knapp 7,5 Milliarden Menschen, aufnehmen. Das ist eine Banalität.

Für eine Linke kann es also nur darum gehen, die Grenze zu bestimmen, bis zu der die Aufnahme- und Integrationsfähigkeit eines Gemeinwesens aus sozialistischer Perspektive möglich ist. Bis zu dieser Grenze ist Zuwanderung/Migration ohne Wenn und Aber solidarisch zu gewährleisten und zu gestalten. Politisches Asyl ist - davon unabhängig - ein nicht verhandelbares Menschenrecht."

Die angesprochene Grenze - aus sozialistischer Perspektive - hat die Linke in Deutschland bisher nicht bestimmt und damit ohne Not der AfD und anderen (Parteien) dieses politische Feld überlassen.

Ein großes Manko, ähnlich groß wie im Fall der unkritischen Unterstützung der autoritären staatlichen Corona-Bekämpfungsmaßnahmen durch das Gros der politischen Linken.

Statt Beschimpfung von Oskar Lafontaine wäre Selbstkritik (in beiden Fällen) angebracht.

01.10.2020

Kommentar auf der Facebook-Seite des Trierischen Volksfreundes zum Artikel vom 01.10.2020: „17 EU-Länder betroffen: Ganz Belgien und fast ganz Frankreich Corona-Risikogebiet"

Völlig surreal das Ganze.

Die Länder, Staaten, Regionen in Europa, die seit Monaten die schärfsten "Corona-Bekämpfungsmaßnahmen" (Maskenpflicht, Ausgangssperren etc.) verordnet haben, bekommen das "Infektionsgeschehen" angeblich nicht in den Griff und werden von der Bundesregierung zu "Risikogebieten" erklärt.

Schweden dagegen, das Land in Europa, das trotz starken politischen und medialen Gegendrucks einen eigenen Weg - kein Lockdown, keine Maskenpflicht etc. - gegangen ist, Schweden scheint die Epidemie gut zu kontrollieren oder gar überstanden zu haben und erhält den bundesdeutschen Stempel "Risikogebiet" nicht.

Wie ist das zu erklären?

Verhält sich das Virus in den "Risikogebieten" anders? Gibt es länderspezifische Virus-Mutationen, die an den Grenzen Halt machen? Oder - ein genauso absurder Gedanke - sind die jeweiligen Bevölkerungen die Schuldigen, da sie sich nicht mit derselben Inbrunst an die Maßnahmen ihrer Regierungen halten wie die Bevölkerung in Deutschland?

Was ist andererseits mit China? Dort gibt es trotz 160 Millionen Tests kaum "Neuinfektionen" (heute 11). 11 "Neuinfektionen" bei einer Bevölkerung von 1,4 Milliarden Menschen! Auch die Volksrepublik ist daher nicht zu einem "Risikogebiet" erklärt worden.

Wo ist die (logische, wissenschaftliche) Erklärung all dieser Widersprüchlichkeiten? Wann wird die Bundesregierung Deutschland selbst oder ein Bundesland zum "Risikogebiet" erklären? Wann werden die Grenzen innerhalb Deutschlands „coronabedingt" wieder aufgerichtet?

30.09.2020

Kommentar auf der Facebook-Seite des Trierischen Volksfreundes zum Artikel vom 30.09.2020: „Morbacher Tourist-Info wegen Corona geschlossen" und Antwort auf eine Antwort zum Kommentar

Ich kann es nicht mehr hören: "Fallzahlen", "positiv auf Sars-Cov-2 getestet", "Zahl der Infizierten", "Infizierte", "Infektionen", "Fälle", "Corona-Infizierte". Unbelehrbar wird nach wie vor alles mit allem vermengt.

Wie das Kaninchen auf die Schlange starrt man/frau auf die Anzahl der positiv Getesteten. Die Aussagekraft der PCR-Tests wird noch immer nicht kritisch hinterfragt, obwohl die Spatzen es schon lange von den Dächern pfeifen, dass diese Tests mit Vorsicht zu genießen sind und nicht unbedingt - wenn überhaupt - das messen, was sie vorgeben zu messen.

Hartnäckig wird weiterhin nicht unterschieden zwischen positiv getestet, infiziert (mit Symptomen oder symptomfrei), erkrankt (leicht, mittel, schwer, schwerst), infektiös. Selbst die Falsch-Positiv-Rate ist keinerlei Erwähnung wert. Gegen jede Vernunft.

Kaum schwer Erkrankte, zwei an COVID-19 Verstorbene innerhalb von 6 Monaten, 2 von schätzungsweise 500 Verstorbenen im Kreis. Die COVID-19-Sterberate kann niedriger kaum sein.

Aber all dies führt nicht zum Nachdenken, Innehalten, Umdenken oder gar Umsteuern. Im Gegenteil, Angst und Panik werden am Leben erhalten, die Daumenschrauben der autoritären staatlichen "Corona-Bekämpfungsmaßnahmen" wieder angezogen.

Cui bono?

Antwort auf eine Antwort zum Kommentar:

Nicht schlecht und mutig das Video. Interessant auch der Hinweis der Autorin, dass sie seit 25 Jahren nicht mehr fernsieht. Ich halte es mit dem Fernsehen seit fast 10 Jahren genauso. Es hilft m. E. sehr, sich - kritisch - aktiv zu informieren und selbsttätig zu recherchieren statt sich durch TV (und Radio) passiv berieseln und/oder indoktrinieren zu lassen.

27.09.2020

per E-Mail an idw-europe.org, Stellungnahme zum von mir unterschrie-benen „Appell für freie Debattenräume" (von Milosz Matuschek & Gunnar Kaiser)

meine Stellungnahme zum Appell:

Als Linker/Sozialist/Kommunist (im Rentenalter) ist mir der Leitgedanke Rosa Luxemburgs: "Freiheit ist immer nur Freiheit des anders Denkenden" (noch immer) erste Verpflichtung beim und zum offenen Diskurs.

Dieser offene Diskurs- bzw. Debattenraum ist allerdings nicht völlig gren-zenlos. Für eindeutig menschenverachtende Theorien bzw. Ideologien, insbesondere für nationalsozialistisch-faschistische (bzw. faschistoide bzw. rechtsextremistische) Thesen und Propaganda ist dort kein Platz.

Alles andere darf und muss debattiert werden und werden können. Von politisch weit links bis weit rechts.

Dass diese offene Debatte derzeit - vor allem was die autoritären staatli-chen COVID-19-Bekämpfungsmaßnahmen und deren Unverhältnismäßig-keit bzw. Grundgesetz-/Rechtswidrigkeit betrifft - nicht einmal innerhalb der politischen Linken stattfindet bzw. stattfinden kann, lässt mich diesen Appell für freie Debatten räume guten Gewissens unterschreiben.

Mit roten Grüßen

25.09.2020

Offener Brief, per E-Mail an Malu Dreyer, Ministerpräsidentin von Rheinland-Pfalz

Liebe Malu,

Du warst der einzige Grund, warum ich - trotz Mitgliedschaft in der rheinland-pfälzischen Linkspartei - bei der letzten Landtagswahl mit Zweit- und Erststimme SPD gewählt habe.

Bei der nächsten Landtagswahl werde ich das nicht mehr tun. Du und die SPD sind für mich keine Option mehr. Genauso wenig wie die Linkspartei, der ich im Mai 2020 - nach reiflicher Überlegung und Mitgliedschaft von Beginn an - den Rücken gekehrt habe.

Und das hat viele Gründe, gewichtige und weniger gewichtige. Einige seien im Folgenden genannt:

1. Vor allem: Das vollständige Versagen von Linkspartei, SPD und auch Dir als Ministerpräsidentin in der Corona-Krise. Die kritiklose Unterstützung bzw. Durchsetzung der unverhältnismäßigen und (grund)gesetzwidrigen staatlichen Corona-Bekämpfungsmaßnahmen auf Landes- und Bundesebene halte ich für unentschuldbar, und die mit konsequenter Panik- und Angstmache einhergehende Installation des autoritären Corona-Regimes, das mit Ermächtigungen und Verordnungen an den Parlamenten vorbeiregiert, für einen unverzeihlichen Fehler.

Fast 6 Monate Irrationalität statt Rationalität fast auf der ganzen Linie, bis jetzt gekrönt mit dem Symbol für völlige Unsinnigkeit und Unvernunft: die Maske bzw. Maskenpflicht, ganz besonders unzumutbar in den Schulen! Ohne jegliche wissenschaftliche Evidenz wird daran festgehalten. Auf Teufel komm raus und ohne Rücksicht auf Verluste. Wie lange noch? Bis zur nächsten Pandemie? Bis zum Sankt Nimmerleinstag?

Wie konnten und können SPD und Linkspartei es zulassen, dass AfD und FDP - die am wenigsten glaubwürdigen politischen Akteure - sich inzwischen auf Bundesebene für die Beendigung der „epidemischen Lage von nationaler Tragweite" einsetzen und als „einzige" Wahrer des Rechtsstaates gerieren.

2. Deine vollkommen unterwürfige Haltung und die der SPD gegenüber der Präsenz der US-Streitkräfte in Rheinland-Pfalz ist ein weiterer wesentlicher Grund, Dir und der SPD die Stimmen zu entziehen bzw. zu verweigern. „Deutschland raus aus der NATO! - NATO raus aus Deutschland!" wäre die richtigere Losung.

3. Ein Grund ist auch die leidige Tatsache, dass das Mountainbike-Projekt „Bikepark Idarkopf", das vor allem jungen Menschen in Rheinland-Pfalz zugutekommen soll, einfach nicht voran kommt, ihm offenbar immer neue Steine von Landes- bzw. Genehmigungsbehörden in den Weg gelegt werden.

4. Auch nicht nachvollziehbar und ein weiterer Grund ist das Verbot des über Jahrzehnte gewachsenen Befahrens von Waldpfaden im Bereich des Nationalparks durch engagierte und naturverbundene Mountainbikerinnen und Mountainbiker.

5. Das lähmende behördliche Versagen in Sachen Historische Schlossmühle Horbruch (widerstreitende Auflagen/Positionen im Hinblick auf Brand- und Denkmalschutz), bei der Traumschleife des Saar-Hunsrück-Steigs Via molarum, die noch immer auf die Erneuerung eines Holzsteges über den Altbach bei Krummenau wartet, und dem schon viel zu lange ausstehenden Neubau des Aussichtsturmes auf dem Idarkopf fügt sich nahtlos in die Reihe der Gründe, die an der gestalterischen Kraft im Land RLP zweifeln lassen, ein.

6. Nicht zuletzt, aber ganz aktuell, ein weiterer Grund: das Torpedieren des traditionellen Erbeskopf-MTB-Marathons durch Landesbehörden, die den Nationalpark gegen diese seit fast 20 Jahren erfolgreiche Breiten-Sport-Veranstaltung in Stellung gebracht haben. Den ehrenamtlichen Veranstaltern blieb daher nur noch die Kapitulation und endgültige Absage des regionalen Mountainbike-Leuchtturmprojekts.
Armes Rheinland-Pfalz.

Dennoch, nichts für ungut, mit roten Grüßen aus dem herbstlichen Hunsrück

Rainer Stablo
Morbach, den 25.09.2020

21.09.2020

Retweet zu tweet von phoenix_de

Inzidenzien? Was ist das denn? Die Pluralform der neuen Söderschen Kennziffer: #Inzidens ? In Analogie zu Ingredienzien, der Pluralform von Ingrediens? Haben Inzidenz und Inzidenzen bei Söder ausgedient? Wie ist Inzidens definiert, Herr Söder? #CSU #COVID19 #CoronaMaßnahmen @CSU

„phoenix@phoenix_de: „Problem private Feiern: Sperrfristen, teilweise Alkoholverbote, Maskenpflicht auf Plätzen Gesicht mit Mundschutz weiter in Kitas und Schulen - #Bayerns Ministerpräsident @markus_soeder zu verschärften #CoronaMaßnahmen, um den hohen Infektionszahlen in #München Herr zu werden. #COVID19 #CSU @csu
https://twitter.com/i/status/1308002109024067584"

https://twitter.com/phoenix_de/status/1308002109024067584

16.09.2020

E-Mail an Jutta Blatzheim-Roegler, Bündnis 90/Die Grünen, Mitglied des Landtages Rheinland-Pfalz

Hallo Jutta,

SARS-CoV-2 beschäftigt uns ja nun schon eine gewisse Weile und ein Ende scheint nicht absehbar.

Dies, obwohl es unübersehbar - so meine feste Überzeugung - überzeugende Gründe gibt, "die epidemische Lage von nationaler Tragweite" (durch den Bundestag) sofort zu beenden und die Corona-Bekämpfungsverordnungen der Bundesländer (durch Landesregierung oder Landtag) incl. sogenannter Maskenpflicht sofort außer Kraft zu setzen.

Was ist Deine Position dazu?

Was sagt Dir in diesem Zusammenhang z.B. folgendes Interview (vom 15.09.2020) von Milena Preradovic mit dem österreichischen Facharzt für Virologie, Epidemiologie und Mikrobiologie uvm. Dr. Dr. Martin Haditsch zur COVID-19-Pandemie, das ich persönlich für äußerst informativ und gut halte?

https://www.youtube.com/watch?v=qM1NoBzBKpA

Nicht für ungut.

Rote Grüße

Rainer Stablo

16.09.2020

Kommentar in der Jungen Welt zum Artikel „Der fremde Blick" von Helmut Donat, 15.09.2020

Mein kleiner (nutzloser?) Beitrag, der leider völlig eindimensionalen und lernresistenten Berichterstattung in der Jungen Welt in Sachen SARS-CoV-2 (von links) etwas entgegenzusetzen – Kommentar (und Leserbrief) zum Artikel „Der fremde Blick" von Helmut Donat vom 15.09.2020:

„Schlimmer geht immer. Nicht genug, dass die Berichterstattung der jungen Welt in Sachen SARS-CoV-2 sich von Anfang an (und bis heute) in fast ausschließlich unkritischer Orchestrierung der autoritären staatlichen Corona-»Bekämpfungsmaßnahmen« gefällt und dabei jede – auch linke – Infragestellung der Verhältnismäßigkeit bzw. (Grund-)Gesetzeskonformität der Maßnahmen des Nazismus oder Rechtsextremismus oder Antisemitismus oder der Verschwörungsideologie oder Esoterik etc. bezichtigt. Nun muss auch noch ein falsches Foto zur Stützung dieser beschränkten Sichtweise herhalten.

Das Foto zum Artikel hat mit der »Querdenken«-Demonstration am 29. August 2020 nicht das Geringste zu tun!

Es stammt stattdessen von einer nicht angemeldeten Demonstration am 9. Mai 2020 (siehe jW-Artikel »Distanzlos gegen Coronaregeln« vom 11.5.2020), die auch mit einer »Hygienedemo« nichts zu tun hatte, wie auch eine Rückwärts-Bildrecherche auf Google schnell zu Tage fördert.
Ich erwarte zumindest eine Entschuldigung der jungen Welt oder/und des Autors für diesen Fauxpas."

Reaktion der Redaktion der Jungen Welt (bisher): „In der Bildunterschrift ist ein Fehler, der korrigiert wird. (jt)".

Wie soll dieser Fehler in der Printausgabe rückwirkend korrigiert werden???

Quelle: https://www.jungewelt.de/artikel/386419.hans-paasches-lukanga-mukara-der-fremde-blick.html

14.09.2020

SARS-CoV-2 – COVID-19 – Corona-„Pandemie"

Vorschlag:

Wir (= kritische Linke, Grüne etc.) organisieren in allen Bundesländern (stillen) Mitte-Links-Protest (M-L-P), dezentral und zielgenau vor den Büros der Parteien, die im Bundestag und/oder Landtag die unverhältnismäßigen, grundgesetz- bzw. rechtswidrigen SARS-CoV-2 Bekämpfungsgesetze und/oder -verordnungen tragen bzw. beschlossen haben (vor Ort bzw. auf lokaler bzw. Wahlkreisebene).

Inhaltliche Ausrichtung:

- für die sofortige Aufhebung der unverhältnismäßigen und rechtswidrigen SARS-CoV-2 Bekämpfungsverordnungen und Allgemeinverfügungen
- für die sofortige Beendigung der epidemischen Lage von nationaler Tragweite
- für die sofortige Beendigung der Maskenpflicht
- für die sofortige Rücknahme der Änderungen des Bundesinfektionsschutzgesetzes
- für ein gemeinnütziges, nicht profit-orientiertes Gesundheitssystem
- für friedlichen Diskurs
- für demokratische Debattenkultur
- für kritische bzw. kritisch-dialektische Vernunft
...

Leitgedanken:

Rosa Luxemburg - Freiheit ist immer nur Freiheit des anders Denkenden
GG - Die Würde des Menschen ist unantastbar

Joseph Weizenbaum - Die Rettung der Welt hängt nur von dem Individuum ab, dessen Welt sie ist. Zumindest muss jedes Individuum so handeln, als ob die gesamte Zukunft der Welt, der Menschheit selbst, von ihm abhinge
...

Begründung:

Der Protest, der eigentlich vor allem - systemkritisch - von Links kommen müsste, muss endlich sichtbar werden.

Verortung und Charakterisierung des Protests als Mitte-Links schließen bewusst einerseits die Unterwanderung bzw. (feindliche) Übernahme des Protestes durch Rechte und Rechtsextreme aus und entziehen andererseits der (sogenannten) Antifa die nicht-inhaltliche, nicht auf COVID-19 bezogene, Grundlage für etwaigen Gegenprotest.

Zielgenau und dezentral deshalb, damit

a) diejenigen Politikerinnen und Politiker in Regierung und Parlament, die für die COVID-19 Gesetze und Verordnungen verantwortlich sind, auf Basisebene - dort, wo sie gewählt wurden bzw. wieder gewählt werden wollen (z.B. Landtagswahl im März 2021 in Rheinland-Pfalz) - mit dem Unmut über ihre Entscheidungen und Maßnahmen konfrontiert werden,

b) die Wege und der Zeitaufwand für die Protestierenden möglichst kurz sind.
...

----

www.mitte-links-protest.de

16.09.2020

Kommentar auf der Facebook-Seite des Trierischen Volksfreundes zum Artikel vom 15.09.2020: „Gesundheitsamt rät: Masken im Unterricht statt ständiges Lüften"

Der irrationale - mit Bußgeld bewehrte - Masken-Fetisch (Mund-Nasen-Schutz in der Öffentlichkeit, hier in Schulen) geht also unverdrossen und gegen jede kritische Vernunft in die nächste Runde.

Dabei gibt es nicht einen einzigen unwiderlegbaren wissenschaftlichen Beweis für den Nutzen der Masken im öffentlichen Raum. Es gibt noch nicht einmal eine Norm (DIN/EN), die die in der Öffentlichkeit zu tragenden Masken zu erfüllen haben.

Gegen jede Logik wird bei der Maskenpflicht nicht unterschieden, ob eine medizinische (OP-Maske, FFP2/FFP3 Maske (mit oder ohne Ventil)) oder eine nicht-medizinische Maske (Community-Maske, fabric mask) getragen wird.

Gegen jede Logik steht also der simple (völlig unnütze) Schlauchschal gleichwertig neben dem Wollschal oder der einlagigen oder mehrlagigen Community-Maske sowie den verschiedenen medizinischen Masken.

Dass die WHO für die Community-Masken explizit die Dreilagigkeit aus bestimmten, in einer definierten Reihenfolge vernähten Materialien empfiehlt, die entweder Feuchtigkeit aufnehmen oder abweisen können, kümmert offenbar weder Entscheider noch Maskenträger aus Überzeugung.

Ein Gedanke zum Schluss: Sollten die Maskenpflicht-Befürworter gegen jede wissenschaftliche Evidenz Recht haben, so müsste die kommende Grippesaison 2020/2021 eigentlich gänzlich ausfallen oder als eine mit geringster Übersterblichkeit in die Geschichte eingehen.

Wir werden sehen.

01.09.2020

E-Mail an Diether Dehm, DIE LINKE, Mitglied des Bundestages

Lieber Diether Dehm,

warum schweigst auch Du anlässlich der üblen Polizeistaatsmethoden des Rot-Rot-Grünen Senats in Berlin am 29.08./30.08.2020 gegen die Querdenken-/Nicht-ohne-uns-Demo und -Kundgebung in Berlin?

Rote Grüße

Rainer Stablo

01.09.2020

E-Mail an Bettina Brück, SPD, Mitglied des Landtages Rheinland-Pfalz

Liebe Bettina,

wie kommentierst Du folgenden Twitter-Tweet (vom 30.08.2020) Eurer Parteivorsitzenden Saskia Esken zur Querdenken-Demo und -Kundgebung am 29.08.2020 in Berlin?

"Saskia Esken@EskenSaskia

Zehntausende Rechtsradikale, Reichsbürger, QAnon-Anhänger, Holocaust-Leugner, antisemitische Verschwörungsideologen und Esoteriker, die Vertreter von Medien, Wissenschaft & Politik „schuldig" sprechen und offen zum Sturm auf den Reichstag und zum Umsturz aufrufen. Das ist #B2908"

Ich für meinen Teil halte den Tweet für völlig daneben. Er ist m.E. ohne jegliche Kompetenz bzw. Expertise. Die Kritikerinnen und Kritiker der Corona-Bekämpfungsmaßnahmen von Querdenken/Nicht-ohne-uns etc. in einen Topf zu werfen mit "Rechtsradikalen, Reichsbürgern, QAnon-Anhänger, Holocaust-Leugner(n), antisemitische(n) Verschwörungsideologen und Esoteriker(n)" halte ich für pure und substanzlose Diffamierung der
überwältigenden Mehrheit der Demonstrantinnen und Demonstranten, die vor allem aus der "Mitte" der Gesellschaft kommen, aber durchaus auch aus Teilen der Linken, der Umwelt- und Friedensbewegung.

Der "Sturm auf den Reichstag" erfolgte dagegen aus einer Reichsbürger-Kundgebung heraus, die mit der Querdenken-Demo nicht das Geringste zu tun hatte und separat angemeldet war. Frage nebenbei: weshalb wurde diese Reichsbürger-Kundgebung so nah am Reichstag vom SPD-Innensenator Geisel bzw. vom Rot-Rot-Grünen Senat überhaupt zugelassen? Wo waren die Polizeibeamten zum Schutz des Reichstages?

Der Tweet der SPD-Vorsitzenden weckt bei mir ungute Erinnerungen an die definitiv reaktionäre Rolle der (M)SPD von Ebert, Scheidemann, Noske in der Novemberrevolution 1918 und zu Beginn der Weimarer Republik.

Noch schlimmer wird das Ganze m.E. dadurch, dass DIE LINKE und

Bündnis90/Die Grünen die SPD (in Berlin, aber auch anderswo) bei der eindeutig autoritären Corona-Politik (Regieren mit Verordnungen, Ermächtigungen, Demonstrationsverboten/-beschränkungen etc.) unterstützen. Warum verweigern fast alle Parteien bei SARS-CoV-2 den längst überfälligen kritischen Diskurs?

Wie ist Deine Einschätzung zu den Vorkommnissen?

Nichts für ungut.

Rote Grüße

Rainer

---

ein paar Links dazu:

Tagesschau Interview mit Prof. Edgar Grande zu Corona-Demos: "Der Protest muss deradikalisiert werden" , 31.08.2020

https://www.tagesschau.de/coronademo-protestforscher-reichsbuerger-103.html

NZZ Milosz Matuschek, "Kollabierte Kommunikation: Was, wenn am Ende «die Covidioten» recht haben?", 01.09.2020

https://www.nzz.ch/meinung/kollabierte-kommunikation-was-wenn-am-ende-die-covidioten-recht-haben-ld.1574096

zu Angsterzeugung als Herrschaftsinstrument:

Interview mit Prof. Dr. Rainer Mausfeld vom 22.07.2020
https://www.anwaltaktuell.at/home/elitenpanik/

29.08.2020

Retweet zu tweet von Sahra Wagenknecht

DIE LINKE hat sich schon längst überflüssig gemacht, in ihrer unkritischen Selbstbezogenheit bloß noch nicht gemerkt. Von Systemopposition und sozialistischer Systemtranszendenz (H. Marcuse) keine Spur (mehr). Letztes Indiz: Unterstützung des Demo-Verbots in Berlin heute.

Sahra Wagenknecht@SWagenknecht
„Der Journalist Lutz Herden hat Recht. Ein sehr guter Kommentar im Freitag, der uns zu denken geben sollte. https://freitag.de/autoren/lutz-h"

https://twitter.com/SWagenknecht/status/1299637923508359168

12.08.2020

**Beitrag in Junge Welt (online) zum Artikel: „Coronaalarm in Schulen"
von Susan Bonath vom 12.08.2020**

Na, das wird ja noch schön werden in den Schulen der BRD, wenn sie alle Nase lang auf und zu gemacht werden, weil irgendwelche PCR-Tests positive oder falsch-positive Ergebnisse in Sachen SARS-CoV-2 liefern werden, ohne dass dies mit schwerwiegenden Erkrankungen korreliert.

Ich bin gespannt, wie lange Schülerinnen und Schüler, Eltern und Lehrerinnen und Lehrer sich diesem repressiven Anti-Corona-Regime noch unterwerfen werden.

Was werden Schulleitungen und Lehrpersonal machen, wenn dann doch noch in allen Schulen die Maskenpflicht im Unterricht eingeführt werden wird.

Was wird geschehen, wenn Schülerinnen und Schüler sich dem - trotz Bestrafungsandrohungen - hartnäckig und nicht vereinzelt, sondern kollektiv verweigern werden?

Was wird sein, wenn Lehrerinnen und Lehrer sowie Schulleitungen sich weigern werden, die aktionistische und zumindest umstrittene, wenn nicht gar nutzlose Maskenpflicht gegen den Willen von Eltern und (z. T. volljährigen) Schülerinnen und Schülern durchzusetzen?

Was wird mit Sozialkunde-/Politik-Lehrerinnen und Lehrern geschehen, die trotz Pandemie ihrem Auftrag treu bleiben, Schülerinnen und Schüler bei der Herausbildung von (politischer) Kritikfähigkeit und Selbstbestimmung zu unterstützen, auch in Sachen COVID-19?

Was wird mit ihnen geschehen, wenn sie nicht indoktrinieren, indem sie z.B. nur Drosten-, RKI- oder Spahn-Podcasts oder Statements im Unterricht thematisieren, sondern zusätzlich kritische Stellungnahmen, Bücher, Videos von Bhakdi, Wodarg, Ioannidis etc.?

Als ehemaliger Lehrer (für Mathematik und Sozialkunde) graut mir vor diesen Zuständen an und in den Schulen. Ich bedaure meine ehemaligen Kolleginnen und Kollegen, die Eltern und die Schülerinnen und Schüler.

So wird der Bildungsauftrag während der vom Bundestag (bei Enthaltung von AfD und LINKE) festgestellten "epidemischen Lage von nationaler

Tragweite" definitiv auf der Strecke bleiben. Stattdessen werden die staatlich verordneten Corona-Bekämpfungsmaßnahmen bei einer überwältigenden Zahl der schulischen Beteiligten bleibende Schäden anrichten.

Dabei würde ein Blick z.B. nach Schweden, in die Niederlande oder in die Schweiz zeigen, dass es in den Schulen der BRD auch anders zugehen könnte.

05.08.2020

Tweet an Melanie Wery-Sims

Was Du mit Deiner unkritischen, dogmatischen Blockadehaltung (im Landtag) erreichen möchtest, ist mir schleierhaft. Vergeblich daher wohl auch
die Hoffnung, dass Du wenigstens diese linke Position zur Kenntnis
nimmst, die der meinen weitgehend entspricht:

https://www.freitag.de/autoren/peter-nowak/abstand-zu-rechten-und-
autoritaeren-staat

„Abstand zu Rechten und autoritären Staat

2. Welle Corona-Proteste, Pressemitteilung der Autoren des Buches
„Corona und die Demokratie. Eine linke Kritik" zu den Corona-Demonst-
rationen am 1. August 2020 in Berlin, Peter Nowak

Es gibt keine zweite Welle, sondern Corona ist eine Dauerwelle – Was es
braucht, ist scharfe Kritik an den irrationalen staatlichen Zwangsmaßnahmen.

Seit Wochen kündigen Politiker*innen und Medien eine neue Corona-
Welle an. Das ist schon medizinisch mehr als zweifelhaft, wie die Forschung zeigt. Hunderte Landkreise haben seit vielen Wochen nicht eine
einzige Infektion. Das mag jede Zwangsmaßnahme als illegal erscheinen
lassen – doch die Leute klatschen weiter und denunzieren andere, die z.B.
keine Maske tragen.

Um was geht es? Die Politik und die Medien möchten die Bevölkerung auf
weitere Einschränkungen von Grundrechten vorbereiten oder sie dazu
konditionieren, medizinisch teilweise zweifelhafte bis wirkungslose Maßnahmen mitzumachen.

Was aber auf jeden Fall kommt, ist die zweite Welle der sogenannten Kritiker*innen der Corona-Maßnahmen, die am 1. August zu bundesweiten
Aktionen in Berlin aufrufen. Wie sich schon im April abzeichnete, handelt
es sich dabei um rechtsoffene Veranstaltungen, bei denen Rechte, esote-
rische Spinner und Antisemit*innen jeglicher Couleur akzeptiert werden,
obwohl sie nicht die Mehrheit der Teilnehmer*innen stellen.

Es war gerade auch die selbst ernannte Antifa, die den demokratischen Protest am Rosa-Luxemburg-Platz in Berlin – zu einer Zeit, wo noch nicht klar war, in welche Richtung sich der Gesamtprotest bewegen wird – massiv behinderte und den Rechten Wasser auf die Mühlen goss, ja sich – für linkes Handeln bislang undenkbar – von der Polizei absichtlich eingittern ließ auf einem kleinen Gelände vor der Volksbühne, damit keine Coronamaßnahmen-Kritiker*innen demonstrieren konnten.

Daher unterstützen wir an sich die antifaschistischen Demonstrationen, die unter dem Motto „Abstand gegen Rechte" gegen die Aufmärsche protestieren. Doch leider haben sich weite Teile dieser Linken als Teil des Problems erwiesen, da sie die irrationalen Zwangsmaßnahmen des Staates, die zu Not, Elend und Tod nicht nur in Europa, sondern weltweit führen (Zehntausende aufgeschobene Operationen, ausbleibende Vorsorgeimpfungen gegen Masern in Afrika, ökonomische Katastrophe wegen zurück gefahrenem Welthandel, Suizide wegen Perspektivlosigkeit, Ende der Club- und Theaterszene, keine Freiheit der Wissenschaft und Forschung mehr usw.), aggressiv unterstützen.

Unverständlich ist darüber hinaus, dass in den Protestaufrufen der Begriff „Coronaleugner" verwendet wird. Es ist schon bemerkenswert, dass nun auch die Leugnung einer Krankheit bzw. des pandemischen Charakters einer Krankheit Gegenstand für antifaschistisches Handeln sein soll. Doch tatsächlich sollte der Fokus auf den rechtsoffenen Charakter der Veranstaltungen stehen.

Der Begriff Coronaleugner ist offenbar auch von dem Bestreben geleitet, undifferenziert jede Kritik an den Maßnahmen zu diffamieren oder als lächerlich abzutun („Covidioten", „Aluhut-Träger"). Damit ist diese pauschale, abwertende „Kritik" (eher Schmähung) der Kritik im Kern selbst denunziatorisch und antiaufklärerisch. Der Begriff ist auch deshalb zu hinterfragen, weil er an den Begriff des Holocaustleugners erinnert. Es ist von entscheidender Bedeutung, gegen die Leugnung des weltweit einmaligen Verbrechens der Shoah vorzugehen. Doch gerade diese Einmaligkeit wird offenbar infrage gestellt, wenn nun die Leugnung von vielen anderen Dingen politisch sanktioniert werden soll. Es gab bisher mit Recht nicht den Begriff des Kapitalismus- oder Patriarchatsleugners. Warum soll also der Begriff des Coronaleugners eingeführt werden?

Zudem wird in dem Aufruf auch keine Unterscheidung gemacht zwischen den rechtsoffenen Aufmärschen und den liberalen und linken Kritiker*innen der Coronazwangsmaßnahmen des Staates.

Wir sagen daher:

Abstand zu allen Rechten und Antisemit*innen sowie zu den Staatsapparaten, die eine autoritäre Staatlichkeit vorantreiben und die größte Panikindustrie in der Geschichte der Bundesrepublik betreiben.

Gerald Grüneklee, Clemens Heni, Peter Nowak"

05.08.2020

Tweet an Melanie Wery-Sims

Ich finde, dass das ganz und gar nicht so ist. Findest Du auch "sehr ratio-nal", wie z.B. mit #saibou und #wester umgegangen wird? Wo ist hier #blm ? Die Plausibilität vieler Maßnahmen ist ein Trugbild, genauso die einfache Umsetzbarkeit. Maßnahmen vernichten z.T. Existenzen.

05.08.2020

Tweet an Melanie Wery-Sims

Kommt die Rationalität im Umgang mit SARS-COV-2 langsam wieder zurück?

Coronavirus – Virologe Streeck: Kann zweite Welle in Deutschland nicht erkennen

https://www.t-online.de/gesundheit/krankheiten-symptome/id_88339070/coronavirus-virologe-streeck-kann-zweite-welle-in-deutschland-nicht-erkennen.html

03.08.2020

Beitrag in Junge Welt (online) zum Artikel: „Preußenadler und Regenbogen" von Nick Brauns vom 03.08.2020

Nach der marxistischen Analyse und Kritik bleibt in Sachen SARS-CoV-2 nun offenbar auch noch die mathematische Logik in der jW ein Stück weit auf der Strecke: Zehntausende Demonstranten antworteten Nick Brauns zufolge also mit wütenden Rufen »Wir sind das Volk«. Nach Adam Riese hätten dies mindestens 20.000 DemonstrantInnen tun müssen. 20.000 von bis zu 25.000 Demonstranten, die Nick Brauns gleichzeitig vor Ort gezählt haben will? Mindestens 80 Prozent Beteiligung an den wütenden Rufen? Ich kann an diese Größenordnung ohne Beweis nicht glauben. Eine differenzierte Betrachtung sieht anders aus. Meine Empfehlung:

Tobias Riegel, »Corona-Demo: Widerspruch wird pauschal verteufelt« (https://www.nachdenkseiten.de/?p=63529)

28.07.2020

2. Beitrag in Junge Welt (online) zum Artikel: „CORONAVIRUS. Steigende Infektionszahlen" vom 27.07.2020 (Antwort auf Hagen R. aus R.)

Ich verharmlose überhaupt nichts.

Allerdings erlaube ich mir, kritische Fragen zu stellen. Und ich erwarte von einer marxistischen Zeitung, dass kritische Fragen gestellt werden. Auch in Sachen Covid-19 bzw. SARS-CoV-2. Ich erwarte insbesondere, dass die Begriffe, die von WHO, RKI, Bundesregierung, Landesregierungen etc. gebetsmühlenhaft benutzt werden, kritisch hinterfragt werden.

Gibt es keinen Unterschied zwischen positivem Testergebnis und Infektion? Gibt es keinen Unterschied zwischen Infektion und Erkrankung? Was ist ein Fall?

Dass Infektion und Erkrankung nicht dasselbe sein müssen, sei am Beispiel des Varicella-zoster-Virus (VZV) deutlich gemacht: Die exogene Erstinfizierung »empfänglicher Personen« mit dem VZV-Virus führt zu einer ansteckenden Windpockenerkrankung, die endogene Reaktivierung des Virus Jahre später führt zu einer ansteckenden Gürtelrose. In der Zwischenzeit ist die Person zwar infiziert, da das Virus in den Rückenmarks- bzw. Hirnnervenknoten verbleibt, die Person ist aber nicht krank und auch nicht ansteckend!

(Siehe https://www.rki.de/DE/Content/Infekt/EpidBull/Merkblaetter/Ratgeber_Varizellen.html).

Also: Kritische Fragen stelle und erwarte ich auch und gerade zur Verhältnismäßigkeit, der Rechtsstaatlichkeit und Verfassungsmäßigkeit der staatlichen Coronabekämpfungsmaßnahmen und zum Cui bono des Coronakrisenmanagements.

Eine etwas provokante Bemerkung zum Schluss:

Wäre die (revolutionäre) Linke in Deutschland zu Zeiten der Spanischen Grippe so (staats- und mediengläubig, staatstragend, angsterfüllt) paralysiert gewesen, wie sie es derzeit in Sachen Covid-19 ist, es hätte die deutsche Novemberrevolution 1918 mit Sicherheit nicht gegeben, und Karl

Liebknechts Ausrufung der freien sozialistischen Republik Deutschland wäre wohl nie erfolgt. Und auch die Gründung der KPD hätte Ende 1918/Anfang 1919 nicht stattgefunden.

27.07.2020

1. Beitrag in Junge Welt (online) zum Artikel: „CORONAVIRUS. Steigende Infektionszahlen" vom 27.07.2020

Gespenstisch und erschreckend, wie zutiefst unkritisch jW in diesem Artikel die herrschende Corona-Erzählung wiedergibt.

Kein Hinterfragen der Aussagekraft der PCR-Testergebnisse, keine Kritik der Begrifflichkeiten (Pandemie z. B.). Nach wie vor Gleichsetzung der positiven Testergebnisse mit Infektionszahlen.

Kein Wort zur unübersehbar niedrigen Erkrankungs- und Sterberate bei den aktuell bzw. kürzlich positiv Getesteten (Tönnies z. B.). Keine Aussage zur aktuellen Gefährlichkeit des inzwischen mutierten Virus. Keine Idee, wie mit dem Virus im Herbst und Winter (in der kommenden Grippesaison) umgegangen werden soll.

Unglaublich nur noch. Wo sind marxistische Analyse und Kritik geblieben?

27.07.2020

Beitrag in Junge Welt (online) zum Gespräch mit Cornelia Möhring: „Eine Frage der Umsetzung unserer Grundrechte" vom 27.07.2020

Mit Verlaub, auch diese Debatte der (parlamentarischen) Linken um eine Paritätsregelung bei der Aufstellung der Landeslisten (in Thüringen) halte ich für gespenstisch, da – wie so oft – nicht zu Ende gedacht und schlicht alogisch. Wo bleibt bei den abwechselnd mit Männern und Frauen zu besetzenden Landeslisten das dritte Geschlecht? Ein gesetzlicher Zwang zur Umsetzung der m/w-Parität bei der Listenaufstellung würde außerdem die Gründung von Frauen-, Männer- und Diversparteien, die sich parlamentarisch für die Partikularinteressen genau eines Geschlechtes einsetzen wollen, ad absurdum führen. Ist das tatsächlich gewollt?

22.05.2020

E-Mail an Diether Dehm (diether.dehm@bundestag.de):

zu Deiner Kenntnis und mit roten Grüßen: meine Austrittserklärung aus der Partei DIE LINKE zum 08.05.2020

Lieber Diether Dehm,

gerade habe ich mir Euren Weltnetz-TV-Beitrag "Verschwörungsmystik oder -theorie" angesehen und angehört.

Der Umgang der Partei mit Andrej Hunko passt ins Bild.

Ihn nehme ich zum Anlass, (auch) Dir meine Austrittserklärung aus der Partei DIE LINKE (zum 08.05.2020) zur Kenntnis zu geben.

Das komplette Versagen der Partei DIE LINKE in Sachen SARS-CoV-2 war für mich der (dicke!) Tropfen, der das Fass zum Überlaufen gebracht hat.

Mit roten Grüßen

22.05.2020

E-Mail an Sahra Wagenknecht (sahra.wagenknecht@bundestag.de):

zu Deiner Kenntnis und mit roten Grüßen: meine Austrittserklärung aus der Partei DIE LINKE zum 08.05.2020

Liebe Sahra Wagenknecht,

auch Dir möchte ich meine Austrittserklärung aus der Partei DIE LINKE (zum 08.05.2020) dann doch noch zur Kenntnis zu geben, da Du in ihr Erwähnung findest. Das komplette Versagen der Partei DIE LINKE in Sachen SARS-CoV-2 (Andrej Hunko: "konsequenteste Lockdown-Partei", https://www.nachdenkseiten.de/?p=61175) war für mich der (dicke!) Tropfen, der das Fass zum Überlaufen gebracht hat.

Mit roten Grüßen

22.05.2020

Leserbrief per E-Mail an Nachdenkseiten (leserbriefe@nachdenksei-ten.de)

Liebe Nachdenkseiten,

das Interview mit Andrej Hunko verweist insbesondere auf drei Punkte im Verhältnis der Partei DIE LINKE zu SARS-CoV-2, die ein Schlaglicht auf das Covid-19-Dilemma der Partei werfen:

1. die Enthaltung bei der Verabschiedung der Änderung des Infektions-schutzgesetzes und der Feststellung der "Epidemie von nationaler Trag-weite" (im Bundestag)

2. die Positionierung der LINKEN als "konsequenteste Lockdown-Partei" (ohne Debatte und Beschluss!)

3. die informelle Übereinkunft (Tendenz) der Bundestagsfraktion, "sich an den samstäglichen Demonstrationen nicht zu beteiligen".

Die Punkte 1 und 2 legen den Grundstein dafür, dass DIE LINKE (auch) in der Covid-19-Krise als (system)oppositionelle Kraft komplett ausfällt.

Punkt 3 ignoriert fahrlässig die absehbare Gefahr, dass die samstäglichen Demonstrationen (gegen die Verfassungswidrigkeit/Unverhältnismäßig-keit der verordneten Covid-19 -Bekämpfungsmaßnahmen) bei Abwesen-heit der LINKEN/Linken - wie bei anderen Fragen auch (z.B. Euro, EU) - von rechtsextremistischen Kräften unterwandert und instrumentalisiert wer-den könnten.

Diese Punkte dokumentieren das Versagen der LINKEN (auch) in der Pan-demie-Zeit (von Anfang an!).

Ich habe daraus meine Schlüsse gezogen und die Partei DIE LINKE am 08. Mai 2020 - nach langjähriger Mitgliedschaft (in PDS/ASG/WASG/DIE LINKE.PDS/DIE LINKE) - verlassen.

Auszüge aus meiner Austrittserklärung mögen diesen Schritt für Interes-sierte ein wenig erläutern:

" (...) genug ist genug!

Beginnen möchte ich mit einem Zitat von Rolf Gössner.

Das Zitat ist der Webseite der Zweiwochenzeitschrift für Politik/ Kultur/Wirtschaft „Ossietzky" entnommen, auf der Rolf Gössner seine „Gedanken und Thesen zum Corona-Ausnahmenzustand" wie folgt einleitet (Stand 24.04.2020):

„Sich an bestimmte Regeln zu halten, um seine Mitmenschen und sich selbst so gut wie möglich zu schützen, dürfte angesichts der Corona-Epidemie und ihrer Gefahren absolut sinnvoll sein – wenn damit die Ausbreitung des Virus verlangsamt, das krank gesparte Gesundheitswesen vor Überlastung bewahrt und das Leben besonders gefährdeter Personen geschützt werden kann. Dennoch sollten wir die gegenwärtige alptraumhafte Situation im Gefolge des Corona-Virus (Covid-19) kritisch hinterfragen sowie auf Verhältnis- und Verfassungsmäßigkeit überprüfen – gerade in Zeiten dirigistischer staatlicher Zwangsmaßnahmen, gerade in Zeiten allgemeiner Angst, Unsicherheit und Anpassung. Zumal die einschneidenden, unser aller Leben stark durchdringenden Maßnahmen letztlich auf Basis einer ungesicherten wissenschaftlichen Datenlage verhängt worden sind.

Die folgenden skeptischen Gedanken und zuspitzenden Thesen sollen dazu beitragen, die komplexe und unübersichtliche Problematik einigermaßen in den Griff zu bekommen und bürgerrechtliche Orientierung zu bieten für eine offene und kontroverse Debatte. Diese Debatte leidet derzeit leider noch immer unter Angst, Einseitigkeit und Konformitätsdruck, auch unter Diffamierung und Ausgrenzung: „Wer dieser Tage von Freiheitsrechten spricht", so Charlotte Wiedemann in der „taz" (25.03.2020), „wird leicht der Verantwortungslosigkeit bezichtigt (...). Und überhaupt: Kritik ist nicht an der Zeit! (...) Auch die Medien stehen unter Konformitätsdruck."

Bei so viel Angst und seltener Eintracht sind Skepsis und kritisches Hinterfragen von vermeintlichen Gewissheiten und autoritären Verordnungen nicht nur angezeigt, sondern dringend geboten. Schließlich gehört das zu einer lebendigen Demokratie – nicht nur in Schönwetterzeiten, sondern gerade in solchen Zeiten wie diesen, gerade in Zeiten großer Gefahren, die nicht nur aus einer, sondern aus unterschiedlichen Richtungen lauern."[1]

Im Hinblick auf „Skepsis und kritisches Hinterfragen von vermeintlichen Gewissheiten und autoritären Verordnungen" hat DIE LINKE im Corona-Ausnahmezustand (lokal, regional, auf Landes- und Bundesebene) von Anfang an und vollständig versagt!

Von Widerspruch und/oder Widerstand gegen ein „verfassungsrechtliches Desaster mit polizeistaatlichen Anklängen" keine Spur!

Mein Versuch, frühzeitig eine Debatte bezüglich Verfassungswidrigkeit bzw. Unverhältnismäßigkeit der ersten Allgemeinverfügungen der Kreisverwaltung (Bernkastel-Wittlich) anzustoßen, lief ins Leere. Ein daraufhin förmlich gegenüber der Kreisverwaltung erhobener Widerspruch wurde von der Partei nicht unterstützt. Die Partei befand und befindet sich bis heute offensichtlich im (staatstragenden) Panikmodus.

Andere (Einzelpersonen [2], Institutionen [3], Organisationen [4], auch linke (!)) sind in die Bresche gesprungen, führen die notwendige kritische Debatte, organisieren inzwischen Proteste und Demonstrationen „gegen den Ausnahmezustand" bzw. die Entwicklung zum „totalitären Staat", und/oder haben Feststellungsklagen [5] o. dergl. erhoben.

Nichts dergleichen von Seiten der Partei DIE LINKE. Von Blindheit geschlagen trotz der ins Auge springenden Institutionalisierung der Angst als Herrschaftsinstrument mit faschistoiden Merkmalen. Blind für den Versuch der Systemstabilisierung durch Ausrufung des Kampfes gegen X = SARS-CoV-2 (Rainer Mausfeld [6]).

Stattdessen werden diese Anderen von der Partei DIE LINKE meist unterschiedslos als Verschwörungstheoretiker, Rechtspopulisten, Rechtsextremisten, Nazis, Antisemiten, Spinner, Irre, etc. verunglimpft, diffamiert und an den Pranger gestellt, auch wenn sie selbst sich z. T. als links verstehen.

Das ist das Gegenteil dessen, was ich von einer rationalen, systemkritischen Partei DIE LINKE, die sich die (schnellstmögliche) Überwindung des Kapitalismus und den Aufbau des Sozialismus (in Deutschland) zum Ziel gesetzt hat, erwarte.

Das unkritische Verhalten der Partei DIE LINKE in der Corona-Krise hat das Fass für mich nun endgültig zum Überlaufen gebracht. (...) Genug ist genug!

Hiermit erkläre ich am und zum 08.05.2020, dem 75. Jahrestag der Befreiung Deutschlands, Europas und der Welt vom deutschen Faschismus/Nationalsozialismus, meinen sofortigen Austritt aus der Partei DIE LINKE.

Enden möchte ich mit dem Hinweis auf mein kleines, fragmentarisches Buch zur Strategiedebatte der Linken in Deutschland [7], das - kurz vor der Corona-Krise entstanden - den Versuch unternimmt, aufzuzeigen, wie Björn Höcke und der AfD der Wind aus den Segeln genommen werden könnte. Die unbedingte Notwendigkeit dieser Debatte wird durch das Versagen der LINKEN in der Corona-Krise nur noch weiter unterstrichen. (...)"

Beste Grüße aus dem sonnigen - fast Covid-19-freien - Hunsrück [8]

----

[1] https://www.ossietzky.net/8-2020&textfile=5113
[2] Wodarg, Bhakdi, Homburg u.v.a.m.
[3] KenFM, Rubikon, Rationalgalerie, Multipolar, Nachdenkseiten u.v.a.m.
[4] Kommunikationsstelle Demokratischer Widerstand, Widerstand2020, Querdenken-711 u.v.a.m.
[5] https://drive.google.com/file/d/1mrjjCO7xECBWYNZ-KzE2kctciPbX1qh6Q/view
https://www.rubikon.news/files/Festellungsklage_Verwaltungsgericht_Mainz_270420.pdf
[6] Rainer Mausfeld, Angst und Macht, 2019
[7] Rainer Stablo, Nie zweimal denselben Fehler, 2020"
[8] auf 110.000 Einwohnerinnen und Einwohner des Landkreises Bernkastel-Wittlich zwei (!) Covid-19 Todesfälle
(https://www.bernkastel-wittlich.de/aktuelles/details/news/weitere-covid-19-faelle-im-landkreis-bernkastel-wittlich-1/)

08.05.2020

DIE LINKE. Austrittserklärung Rainer Stablo, Morbach 08.05.2020, per Fax an die Landesgeschäftsstelle Rheinland-Pfalz

Morbach im Hunsrück, 08.05.2020

Liebe Genossinnen und Genossen der Partei DIE LINKE,

genug ist genug!

Beginnen möchte ich mit einem Zitat von Rolf Gössner.

Das Zitat ist der Webseite der Zweiwochenzeitschrift für Politik/ Kultur/Wirtschaft „Ossietzky" entnommen, auf der Rolf Gössner seine „Gedanken und Thesen zum Corona-Ausnahmenzustand" wie folgt einleitet (Stand 24.04.2020):

„Sich an bestimmte Regeln zu halten, um seine Mitmenschen und sich selbst so gut wie möglich zu schützen, dürfte angesichts der Corona-Epidemie und ihrer Gefahren absolut sinnvoll sein – wenn damit die Ausbreitung des Virus verlangsamt, das krank gesparte Gesundheitswesen vor Überlastung bewahrt und das Leben besonders gefährdeter Personen geschützt werden kann. Dennoch sollten wir die gegenwärtige alptraumhafte Situation im Gefolge des Corona-Virus (Covid-19) kritisch hinterfragen sowie auf Verhältnis- und Verfassungsmäßigkeit überprüfen – gerade in Zeiten dirigistischer staatlicher Zwangsmaßnahmen, gerade in Zeiten allgemeiner Angst, Unsicherheit und Anpassung. Zumal die einschneidenden, unser aller Leben stark durchdringenden Maßnahmen letztlich auf Basis einer ungesicherten wissenschaftlichen Datenlage verhängt worden sind.

Die folgenden skeptischen Gedanken und zuspitzenden Thesen sollen dazu beitragen, die komplexe und unübersichtliche Problematik einigermaßen in den Griff zu bekommen und bürgerrechtliche Orientierung zu bieten für eine offene und kontroverse Debatte. Diese Debatte leidet derzeit leider noch immer unter Angst, Einseitigkeit und Konformitätsdruck, auch unter Diffamierung und Ausgrenzung: „Wer dieser Tage von Freiheitsrechten spricht", so Charlotte Wiedemann in der „taz" (25.03.2020), „wird leicht der Verantwortungslosigkeit bezichtigt (...).

Und überhaupt: Kritik ist nicht an der Zeit! (…) Auch die Medien stehen unter Konformitätsdruck."

Bei so viel Angst und seltener Eintracht sind Skepsis und kritisches Hinterfragen von vermeintlichen Gewissheiten und autoritären Verordnungen nicht nur angezeigt, sondern dringend geboten. Schließlich gehört das zu einer lebendigen Demokratie – nicht nur in Schönwetterzeiten, sondern gerade in solchen Zeiten wie diesen, gerade in Zeiten großer Gefahren, die nicht nur aus einer, sondern aus unterschiedlichen Richtungen lauern."[1]

Im Hinblick auf „Skepsis und kritisches Hinterfragen von vermeintlichen Gewissheiten und autoritären Verordnungen" hat DIE LINKE im Corona-Ausnahmezustand (lokal, regional, auf Landes- und Bundesebene) von Anfang an und vollständig versagt!

Von Widerspruch und/oder Widerstand gegen ein „verfassungsrechtliches Desaster mit polizeistaatlichen Anklängen" keine Spur!

Mein Versuch, frühzeitig eine Debatte bezüglich Verfassungswidrigkeit bzw. Unverhältnismäßigkeit der ersten Allgemeinverfügungen der Kreisverwaltung (Bernkastel-Wittlich) anzustoßen, lief ins Leere. Ein daraufhin förmlich gegenüber der Kreisverwaltung erhobener Widerspruch wurde von der Partei nicht unterstützt. Die Partei befand und befindet sich bis heute offensichtlich im (staatstragenden) Panikmodus.

Andere (Einzelpersonen [2], Institutionen [3], Organisationen [4], auch linke (!)) sind in die Bresche gesprungen, führen die notwendige kritische Debatte, organisieren inzwischen Proteste und Demonstrationen „gegen den Ausnahmezustand" bzw. die Entwicklung zum „totalitären Staat", und/oder haben Feststellungsklagen [5] o. dergl. erhoben.

Nichts dergleichen von Seiten der Partei DIE LINKE. Von Blindheit geschlagen trotz der ins Auge springenden Institutionalisierung der Angst als Herrschaftsinstrument mit faschistoiden Merkmalen. Blind für den Versuch der Systemstabilisierung durch Ausrufung des Kampfes gegen X = SARS-CoV-2 (Rainer Mausfeld [6]).

Stattdessen werden diese Anderen von der Partei DIE LINKE meist unterschiedslos als Verschwörungstheoretiker, Rechtspopulisten, Rechtsextremisten, Nazis, Antisemiten, Spinner, Irre, etc. verunglimpft, diffamiert und an den Pranger gestellt, auch wenn sie selbst sich z. T. als links verstehen.

Das ist das Gegenteil dessen, was ich von einer rationalen, systemkritischen Partei DIE LINKE, die sich die (schnellstmögliche) Überwindung des Kapitalismus und den Aufbau des Sozialismus (in Deutschland) zum Ziel gesetzt hat, erwarte.

Das unkritische Verhalten der Partei DIE LINKE in der Corona-Krise hat das Fass für mich nun endgültig zum Überlaufen gebracht. Nicht zuletzt die fehlende Bereitschaft Sahra Wagenknechts zur direkten Debatte (über Jahre!) hatte das Fass zuvor randvoll gemacht. Genug ist genug!

Hiermit erkläre ich am und zum 08.05.2020, dem 75. Jahrestag der Befreiung Deutschlands, Europas und der Welt vom deutschen Faschismus/Nationalsozialismus, meinen sofortigen Austritt aus der Partei DIE LINKE.

Enden möchte ich mit dem Hinweis auf mein kleines, fragmentarisches Buch zur Strategiedebatte der Linken in Deutschland [7], das - kurz vor der Corona-Krise entstanden - den Versuch unternimmt, aufzuzeigen, wie Björn Höcke und der AfD der Wind aus den Segeln genommen werden könnte. Die unbedingte Notwendigkeit dieser Debatte wird durch das Versagen der LINKEN in der Corona-Krise nur noch weiter unterstrichen.

Mit roten, revolutionär-sozialistischen Grüßen

Fußnoten:

[1] https://www.ossietzky.net/8-2020&textfile=5113
[2] Wodarg, Bhakdi, Homburg u.v.a.m.
[3] KenFM, Rubikon, Rationalgalerie, Multipolar, Nachdenkseiten u.v.a.m.
[4] Kommunikationsstelle Demokratischer Widerstand, Widerstand2020, Querdenken-711 u.v.a.m.
[5] https://drive.google.com/file/d/1mrjjCO7xECBWYNZ
KzE2kctciPbX1qh6Q/view

https://www.rubikon.news/files/Festellungsklage_Verwaltungsge-
richt_Mainz_270420.pdf
[6] Rainer Mausfeld, Angst und Macht, 2019
[7] Rainer Stablo, Nie zweimal denselben Fehler, 2020

17.04.2020

per E-Mail an Melanie Wery-Sims

Hallo Melanie,

zunächst einmal finde ich es sehr gut, dass Du so ausführlich geantwortet hast.

Auf drei Dinge möchte ich kurz eingehen:

1. "einfach zum Hörer greifen", das ist wirklich nicht so mein Ding, jedenfalls nicht im politischen Diskurs. So wenig, wie 140 Zeichen bei Twitter geeignet sind für fundierte politische Debatte, so wenig halte ich Telefongespräche dafür geeignet. Ich bin dagegen sehr für schriftliche Kommunikation, da sie verbindlicher und eindeutiger ist und bei Schreiben und Lesen ausreichend Zeit zum Reflektieren lässt. Das ist im Telefongespräch nur äußerst rudimentär möglich. So jedenfalls ist meine Erfahrung.

2. Ich möchte sehr wohl diskutieren und nicht indoktrinieren, aber - wenn es um wichtige Dinge geht - eben schriftlich oder auch von Angesicht zu Angesicht in Form eines Dialogs oder Seminars, am besten mit schriftlicher Grundlage (und ziel. bzw. ergebnisorientiert).

3. Zur Bedeutung des Begriffs "belehren" habe ich extra noch mal im Duden nachgesehen (https://www.duden.de/rechtschreibung/belehren). Dort ist der Begriff - im Gegensatz zu Deiner negativen Bewertung im Sinne wohl von schulmeistern - eindeutig positiv konnotiert. Er hat demnach drei Bedeutungen: 1. lehren, unterweisen, 2. informieren, aufklären, 3. von einer irrigen Ansicht abbringen. Insofern - da kommt wohl auch der Beruf des Lehrers zum Vorschein und Ausdruck - möchte ich in der Tat belehren. Das bedeutet aber genau das Gegenteil von Indoktrination, da dem Gegenüber selbstredend die Freiheit zum selbst Entscheiden gelassen wird und auch ich mich natürlich irren und weiter entwickeln kann.

So, genug des Belehrens ;).

Schön wäre es, doch noch ein paar Worte von Dir zur Einschätzung des Artikels von Stefan Homburg, Schweden - Vorbild für Deutschland zu hören bzw. lesen.

Nichts für ungut.

Rote Grüße

16.04.2020

per E-Mail an Melanie Wery-Sims

Hallo Melanie,

es wundert mich schon, wie wenig diskutierfreudig bzw. bereit/offen für eine kritische Debatte Du bist. Facebook ist nach Deinen Worten die falsche Plattform - da wird dann schon mal die Freundschaft gekündigt, Gedanken-Austausch/Impulse per E-Mail der falsche Weg. Links sind nicht angezeigt. Das Einzige, was vielleicht geht sind (unverbindliche) Telefonkonferenzen oder Telefongespräche?

Mit/trotz einer Haltung, die sich durch inhaltliche Positionen/rationale Kritik sofort persönlich angegriffen fühlt und in der Regel (emotional) mit Vorwürfen statt Argumenten antwortet, wirst Du vielleicht für DIE LINKE in den Landtag gewählt werden. Aber ob uns diese LINKE einer sozialistischen Gesellschaft in Deutschland/Rheinland-Pfalz auch nur einen Millimeter näher bringen wird (oder überhaupt soll), wage ich inzwischen doch sehr zu bezweifeln.

Aber sei's drum.

Mein letzter Link (merkwürdigerweise auch aus Springers Welt) für Dich in Sachen COVID-19, über den zu debattieren sich meines Erachtens lohnen würde:

Stefan Homburg, Schweden - Vorbild für Deutschland, https://www.welt.de/print/die_welt/finanzen/article207268361/Gastbeitrag-Schweden-Vorbild-fuer-Deutschland.html

Trotz alledem und nichts für ungut.

Rote Grüße

16.04.2020

per E-Mail an Melanie Wery-Sims

Betreff: Grundrechte und COVID-19

Hallo Melanie,

Arno Luik, https://www.nachdenkseiten.de/?p=60207

Knut Wittkowski, https://youtu.be/GRiO8myyyDc

Klaus Püschel, Michael Schulte-Markwort, Georg J. Schulz (Hamburger Abendblatt, siehe Anhang)

Jens Berger, https://www.nachdenkseiten.de/?p=60198

Moritz Wittler, https://www.jungewelt.de/artikel/376471.recht-auf-versammlungen-mit-infektionsschutz-ist-das-nicht-zu-begr%C3%BCnden.html

Weitere Kandidaten für die Psychiatrie?

Im Übrigen hat meine Frau in der ambulanten Pflege immer noch keine FFP2-Masken.

Rote Grüße

05.04.2020

per E-Mail an Melanie Wery-Sims

Betreff: Infektionsschutz und Verfassung, die Kritik an Ermächtigung und Notverordnung wird lauter

Hallo Melanie,

vielleicht machen die sechs pdfs im Anhang klarer, weshalb ich Widerspruch bereits gegen die Allgemeinverfügungen der Kreisverwaltung erhoben habe (wg. Verfassungswidrigkeit, Unverhältnismäßigkeit).

Die erste Datei enthält einen Artikel aus der bürgerlichen FAZ, der auf ein noch unveröffentlichtes kritisches Gutachten des Wissenschaftlichen Dienstes des Bundestags hinweist, die zweite Datei einen Teil eines Artikels aus dem Stern zu demselben Gutachten. Und die dritte Datei enthält einen kritischen Beitrag des Verfassungsrechtlers Prof. Dr. Thorsten Kingreen von der Uni Regensburg.

Im Übrigen verstehe ich nicht, dass DIE LINKE versäumt hat deutlich zu machen, dass die Bundestagsfraktion der Änderung des Infektionsschutzgesetzes gar nicht zugestimmt, sondern - wie die AfD - sich enthalten hat. Vielleicht, weil Thüringen im Bundesrat dann zugestimmt hat?

(Die vierte Datei enthält ergänzend den beschlossenen Gesetzentwurf selbst, die fünfte das Bundestagsprotokoll und die sechste das Bundesratsprotokoll)

Nichts für ungut

Rainer

----

6 Anhänge

02.03.2020

Beitrag in spiegel.de zum Artikel „Erdogan greift an, Putin hält still" von Christoph Reuter vom 02.03.2020

Wie sehr man(n) sich doch irren kann, wenn der Wunsch allzu sehr Vater des Gedanken (der Analyse) ist:

Die "Flugverbotszone" Erdogans ist längst passé. Die russische und syrische Luftwaffe dominieren wieder am Himmel. Die Drohnen der Türkei hatten ihre Zeit, die ist aber längst vorbei. Saraqib ist wieder unter Kontrolle der syrischen Armee/Regierung, damit ebenso die Autobahn M5. Dort patrouillieren jetzt russische Militärpolizisten.

Stand jetzt: Syrien, Iran und Libanon haben durch die türkischen Angriffe (Drohnen, Artillerie, Raketen) völlig unnötigerweise sehr viele Soldaten verloren, die im Kampf gegen die Dschihadisten standen. Die von der Türkei massiv unterstützten islamistischen Terroristen/Dschihadisten (HTS etc.) sind an allen Frontabschnitten in Idlib trotzdem auf dem Rückzug oder unter schwerem militärischem Druck.

Gewonnen hat die Türkei offenbar nichts. Sie hat sich international noch weiter isoliert. Die Rückeroberungen der Dschihadisten sind inzwischen fast alle rückgängig gemacht. Und die syrischen Truppen sind weiter auf dem Vormarsch. Die türkischen Beobachtungsposten sind nach wie vor eingeschlossen.

Erdogan wird - so wie es jetzt aussieht - wohl mit ziemlich leeren Händen nach Moskau reisen. Ob es ein Gang nach Canossa werden wird?

23.02.2020

bisher nicht veröffentlichter Beitrag zur Coronavirus-Krise

Der Kampf gegen X.

Dem „Zweck einer Verdeckung eigener Ziele und Absichten dient eine Angsterzeugung durch propagandistische Deklaration einer großen Gefahr X, der die Bevölkerung durch einen „Kampf gegen X" entschlossen entgegentreten müsse. (…) X kann dabei so ziemlich alles sein, was sich irgendwie wirksam zur Angsterzeugung nutzen lässt. (…)

Durch die propagandistische Ausrufung eines „Kampfes gegen X" lassen sich in „kapitalistischen Demokratien" gleichzeitig mehrere von den Zentren der Macht gewünschte Ziele erreichen:

Zum einen wird der für die Machtzwecke nutzbare Rohstoff „Angst" produziert, zudem lässt sich die Aufmerksamkeit sehr wirksam auf Ablenkziele richten, und schließlich lassen sich unter dem Vorwand eines Kampfes gegen X demokratische Strukturen abbauen und auf allen Ebenen der Exekutive und Legislative autoritäre Strukturen etablieren."

„ Bei einem von oben verordnetem „Kampf gegen X" geht es nie um das, was als zu bekämpfen deklariert wird".

(Quelle: Rainer Mausfeld, Angst und Macht, Westend-Verlag 2019, S. 39, 60)

Aktuell zeigt die Europäische Union in Italien (wann woanders?), wie dieses Herrschaftsinstrument funktioniert. Seit heute steht ganz Italien Kopf im „Kampf gegen die große Gefahr X", nachdem für die Variable X diesmal gilt:

X = Coronavirus Sars-CoV-2.

Die unmittelbaren Folgen beschreibt Matthias Rüb von der FAZ heute so:

Die „Angst, Zittern, Belagerung, Sicherheitskordon – und wieder Angst. So brüllte es am Sonntagmorgen von den Titelseiten der italienischen Tageszeitungen. An einem Wochenende, das dem Land angesichts sprunghaft steigender Infektionen mit dem neuen Coronavirus buchstäblich den Atem raubte, wurden Städte in der Region Lombardei zum „italienischen Wuhan" umgetauft und ganz Italien zum „China Europas" erklärt."
„Die Gesundheitsbehörden empfahlen, die Universität Bozen sowie Kindertagesstätten in der kommenden Woche zu schließen."

„Der Präsident der Region Lombardei, Attilio Fontana von der rechtsnationalistischen Partei Lega" (sic!) „unter Führung des früheren Innenministers Matteo Salvini, forderte „verschärfte Kontrollen" an den Grenzen."

„Um die weitere Ausbreitung des Virus einzudämmen, hatte die Regierung von Ministerpräsident Giuseppe Conte in der Nacht zum Sonntag die beispiellose Maßnahme einer Isolierung des mutmaßlichen Epidemiezentrums verfügt. Es handelt sich um elf Städte mit zusammen gut 50.000 Einwohnern südöstlich von Mailand, die weder verlassen noch betreten werden dürfen. Gleichfalls isoliert wurde die Gegend um die Ortschaft Vo Euganeo in der östlich benachbarten Region Venetien".

„„Das Betreten und Verlassen dieser Gebiete ist verboten", teilte Ministerpräsident Conte am frühen Sonntagmorgen nach eine mehr als dreistündigen Krisensitzung des Sicherheitskabinetts mit der Führung des Zivilschutzes und der Gesundheitsbehörden mit. Die Isolierung werde von den örtlichen Sicherheitskräften durchgesetzt, notfalls würden die Streitkräfte mobilisiert.

Wer versuche, die Absperrungen zu umgehen, dem drohe „strafrechtliche Verfolgung". Conte verfügte zudem die Schließung von Unternehmen und Schulen sowie die Absage von öffentlichen Veranstaltungen wie Karnevalsfeiern und Sportwettbewerben. Die Behörden sagten drei für Sonntag geplante Spiele der ersten Fußballliga „Serie A" in den betroffenen Nordregionen ab."

„Am Sonntagmittag verfügte der Regionalpräsident von Venetien, Luca Zaia (Lega)" (sic!) „„ das vorzeitige Ende des berühmten Karnevals von Venedig. „Wir müssen uns an drastische Maßnahmen gewöhnen", sagte Zaia, die Absage der eigentlich bis Dienstag angesetzten Karnevalsumzüge und

-feste in der Lagunenstadt sei nur ein erster Schritt." „Welche weiteren Maßnahmen er plane, sagte Zaia nicht."

„Auch die Mailänder Scala hat ihre Aufführungen gestrichen."

„Lega-Chef Salvini hatte schon am Freitag eine Kontrolle sämtlicher Grenzübergänge zu Lande sowie aller internationalen Häfen und Flughäfen nahegelegt und der Regierung vorgeworfen, sie habe beim Kampf gegen das Virus wertvolle Zeit verloren. Ministerpräsident Conte wies die Forderung nach einer Aussetzung der Schengen-Bestimmungen zum unkontrollierten Reiseverkehr zurück".

(Quelle: Matthias Rüb, „Coronavirus. Warum es Italien so schwer erwischt hat", Frankfurter Allgemeine Zeitung 23.02.2020, https://www.faz.net/aktuell/gesellschaft/gesundheit/coronavirus/italien-kaempft-gegen-ausbreitung-des-coronavirus-16647810.html)

Eine Reihe von Fragen drängt sich auf:

1.   Was ist das Besondere am Coronavirus Sars-CoV-2, durch das es die Rolle der großen Gefahr übernehmen kann? Seine Gefährlichkeit?

2.   Oder Ist es das Unbekannte, das Neue des Coronavirus im Vergleich zum Bekannten, Alten des weit gefährlicheren und tödlicheren Grippe- bzw. Influenzavirus?

3.   Oder Ist das alles letztlich völlig gleichgültig und es geht gar nicht um dieses spezielle Virus oder irgendein anderes, sondern schlicht darum, das Auftreten des Virus als Gelegenheit zu nutzen, auszutarieren, wie weit parlamentarische Demokratien bei der Herrschaftssicherung im „Kampf gegen eine große Gefahr X" gehen können - auch im Vergleich mit und in Konkurrenz zu der sozialistischen VR China?

4.   Geht es darum auszutesten, wie erfolgreich von anderen Dingen abgelenkt werden kann, sei es vom parallel stattfindenden USA-NATO-Truppenaufmarsch „Defender 2020" gegen Russland oder von der militärischen Entwicklung in Syrien oder Libyen?

5. Oder besitzt der „Kampf gegen das Coronavirus" gar eine rassistische und imperialistische Komponente im Wiederaufleben lassen der sogenannten „Gelben Gefahr" aus der Zeit um 1900 in Bezug auf das erfolgreiche gesellschaftliche Gegenmodell Chinas?

6. Welche Grenzüberschreitungen wird es - testweise - noch geben? Veranstaltungsverbot? Versammlungsverbot? Demonstrationsverbot? Ausgehverbot? Ausnahmezustand? Kriegsrecht? Was wird alles sonst noch verboten werden?

7. Welche Dinge werden als Nächstes zur Definition der großen Gefahr X herangezogen werden? Gelbe Westen (in Frankreich)? Gewerkschaften? Sozialistische Parteien und Bewegungen? Kommunistische Parteien und Bewegungen? Antiimperialistische, Antimilitaristische Bewegungen?
8. Wird dem ewigen „Kampf gegen den Terrorismus" auch der „Kampf gegen den Linksradikalismus" oder der „Kampf gegen den Linksextremismus" hinzugesellt werden?

9. Wo endet das Ganze? In einem neuen Faschismus?

10. Wer wird den Kampf gegen das Herrschaftsinstrument „Kampf gegen X" aufnehmen? Wie kann dieser Gegenkampf erfolgreich sein? Wann wird er erfolgreich sein?

22.02.2020

Beitrag in der privaten Facebook-Gruppe „Wir LINKEN im Südwesten"

DIE LINKE und andere: Auf dem Holzweg und auf den Leim gegangen? Eine ziemlich gute Antwort von Rainer Mausfeld - zum Nachdenken!

Rainer Mausfeld, Kampf gegen Rechts heißt Kampf gegen Links

https://www.nachdenkseiten.de/?p=58488

Beitrag in der privaten Facebook-Gruppe „Wir LINKEN im Südwesten"

DIE LINKE und andere: Auf dem Holzweg und auf den Leim gegangen? Eine ziemlich gute Antwort von Rainer Mausfeld - zum Nachdenken!

18.02.2020

Beitrag in der privaten Facebook-Gruppe „Wir LINKEN im Südwesten"

Ein grundsätzlicher Einwurf zu Thüringen etc., mal wieder:

Wahlen, Taktieren, Kungeln, Paktieren, Neuwahlen …, Strategie?

Geht nicht auch DIE LINKE einer überaus schlauen und erfolgreichen Konzeption des Machterhalts der Eliten/Herrschenden (im Kapitalismus) mittlerweile vollends auf den Leim, der repräsentativen bzw. parlamentarischen Demokratie, anstatt sich schnellstmöglich (die Zeit wird immer knapper, Stichwort Klimawandel) um die Entwicklung und Umsetzung von Strategien zur (revolutionären) Überwindung des Kapitalismus zu kümmern?

Dazu ein paar Aussagen:

1. Bodo Ramelow, Interview mit Sandra Maischberger, 12.02.2020:
„Aber ich glaube an die parlamentarische Demokratie, und in der parlamentarischen Demokratie glaube ich an die Notwendigkeit stabiler Parteien, aber die Parteien müssen an dem Willen des Volkes mitarbeiten, an dem …, und auch umsetzen. Aber was sie nicht dürfen, sie dürfen sich nicht über die Bevölkerung hinwegsetzen." (Stichwort: parlamentarische Demokratie)

2. Franco "Bifo" Berardi: "Die Institutionen der Demokratie sind übrig geblieben, ihre Rituale. Wir halten Wahlen ab, so wie manche Urvölker Regentänze aufführten. Hatten ihre Tänze Einfluss auf den Gang der Wolken?" (Stichwort: Wahlen)

3. Gene Sharp: "Wahlen als Instrument grundlegenden politischen Wandels kommen in einer Diktatur nicht in Frage." (Stichwort: Diktatur des Kapitals)

4. Rainer Mausfeld: "Wahlen sind also nur ein vergleichsweise nebensächlicher Aspekt der demokratischen Willensbildung. Von den jeweiligen Machteliten werden sie (…) in den Vordergrund gestellt, weil sie besonders geeignet sind, im Volk eine Illusion von Demokratie und von Volkssouve

ränität zu erzeugen. (...) Zu einer Elitendemokratie, wie sie sich in den gegenwärtigen Formen einer repräsentativen Demokratie ausdrückt, gibt es eine Vielzahl von sorgfältig ausgearbeiteten Alternativen, (...) partizipatorische Demokratie', ‚Radikaldemokratie`, ‚Rätedemokratie' (...). (...) Durch die Indoktrination einer Alternativlosigkeit von ‚repräsentativer Demokratie' haben wir im gesellschaftlichen Gedächtnis die eigentlichen geschichtlichen Triebfedern dieser Form der Elitenherrschaft vergessen und sind gar nicht mehr in der Lage zu erkennen, dass die Idee einer ‚repräsentativen Demokratie' gerade zur Abwehr von wirklicher Demokratie entstanden ist." (Stichwort: repräsentative Demokratie als Instrument der Herrschaftssicherung)

Nichts für ungut.

Quellen:

Bodo Ramelow: https://www.youtube.com/watch?v=AcLfbPTEHRI
Berardi, Sharp: Rainer Stablo, freie sozialistische Republik Deutschland 2018, ISBN 978-3-74127-152-6, BoD 2016
Rainer Mausfeld, Die Angst der Machteliten vor dem Volk, 2016, http://www.uni-kiel.de/psychologie/mausfeld/pubs/Mausfeld_Die_Angst_der_Machteliten_vor_dem_Volk.pdf

16.02.2020

Beitrag in der privaten Facebook-Gruppe „Wir LINKEN im Südwesten"

In Syriens Gouvernements Aleppo und Idlib befreit die syrische Armee (mit russischer und iranischer Hilfe) ein Gebiet nach dem anderen.

Die Regierenden und Präsident Erdogan in der Türkei sind stinksauer, dass ihre islamistischen Söldner sprich Terroristen eine Niederlage nach der anderen einstecken müssen, trotz massiver Unterstützung durch das türkische Militär.

Morgen wird es wohl (neue) Gespräche zwischen der Türkei und Russland in Russland geben. Was dabei heraus kommen wird?

Ein neuer Waffenstillstand? Neue Flucht-Korridore in die von der syrischen Regierung kontrollierten Gebiete für die verbliebene Zivilbevölkerung?

Oder militärische Eskalation (gegen Syrien/Russland) durch die Türkei?

Northern, Northwestern Aleppo Completely Secured By Syrian Army

https://southfront.org/northern-northwestern-aleppo-completely-secured-by-syrian-army/

15.02.2020

Beitrag in spiegel.de zum Artikel „Duell der Despoten" von Maximilian Popp und Anna-Sophie Schneider vom 14.02.2020

Zwei Despoten stehen sich also im Duell in Syrien gegenüber.

Mal abgesehen davon, dass zunächst einmal zu definieren wäre, was einen direkt vom Volk gewählten Präsidenten heutzutage zu einem Despoten macht, ist nicht Erdogan, sondern die Türkei völkerrechtswidrig, da ohne Zustimmung Syriens, militärisch in Syrien aktiv, und nicht Putin, sondern Russland völkerrechtskonform, da auf Bitte der syrischen Regierung.

Ein entscheidender Unterschied.

Und erneut wird der euphemistische und schlicht falsche Begriff Rebellen bemüht, der im Zusammenhang mit den von der Türkei unterstützten sunnitisch-islamistischen Dschihadisten/Terroristen jeglicher Couleur, schlicht falsch ist. Ebenso der abwertende, pejorative Begriff Regime für die Regierung Syriens.

Es gab auch keine Anschläge auf das türkische Militär in Idlib durch Truppen des syrischen Regimes. Das syrische Militär hat lediglich den illegalen Vormarsch türkischer Truppen auf syrischem Gebiet legitimer Weise durch militärische Abwehrmaßnahmen gestoppt.

Und die sogenannten Gegenangriffe der Türkei waren in Wirklichkeit aggressive Angriffshandlungen!

Weiterhin belagert das syrische Regime (sic!) nicht mehrere Beobachtungsposten des türkischen Militärs in Idlib. Die syrischen Truppen haben diese türkischen Beobachtungsposten lediglich vollständig eingekreist und lassen sie ansonsten in Ruhe.

11.02.2020

Beitrag in der privaten Facebook-Gruppe „Wir LINKEN im Südwesten"

Wenn die Meldungen stimmen (s.u. z.B.), dann steht es Spitz auf Knopf in Syrien (Idlib), ob es (dort) zu einer direkten militärischen Auseinandersetzung zwischen Russland und der Türkei kommt. Der Kriegstreiber Erdogan arbeitet schwer daran. Morgen will er sich wohl genauer dazu positionieren. Inzwischen unterstützt die Türkei die Dschihadisten mit Waffen, Logistik, Peronal, Fahrzeugen, Artillerie etc. Und die NATO schweigt.

Turkish-led Forces Fail To Capture Naryab As Syrian Army Makes More Gains In Greater Idlib

https://southfront.org/turkish-led-forces-fail-to-capture-naryab-as-syrian-army-makes-more-gains-in-greater-idlib/

10.02.2020

Beitrag auf Facebook-Seite von Melanie Wery-Sims

In der Tat ist es ein Marathon.

Allerdings ist das Zeitfenster inzwischen äußerst knapp, ziemlich genau 10 Jahre kleiner als vor 10 Jahren ;).

Und das Kernproblem, das ich sehe: bei einem Marathon lege ich mir eine Strategie, einen Plan zurecht, um erfolgreich sein zu können. Und den sehe ich nicht bei der LINKEN. Da sehe ich keine Erfolg versprechende Strategie, keinen strategischen Plan.

Den Versuch aber, ohne Einbettung in eine Gesamtstrategie im Kleinen etwas bewegen zu wollen, halte ich inzwischen für verschwendete Zeit. Zeit, die wir angesichts des knappen Zeitfensters nicht mehr haben.

Dazu ein Denkanstoß von Gene Sharp, der mir wie ins Stammbuch der LINKEN geschrieben zu sein scheint, wenn wir seinen Leitfaden vom Kopf auf die Füße stellen und davon ausgehen, dass wir es mit der Befreiung von kapitalistischer Herrschaft zu tun haben und wir uns auf dem Weg von der Diktatur des (großen) Kapitals zur sozialistischen Demokratie befinden:

„Wie kommt es, dass Menschen, welche die Vision haben, ihrem Volk die Freiheit zu bringen, so selten einen umfassenden strategischen Plan" „zum Sturz einer Diktatur entwerfen und sich lieber auf unmittelbare Fragen konzentrieren?" „In ihrem Innersten glauben sie" offenbar „nicht wirklich, dass sich die Diktatur durch ihre Bemühungen beenden lässt. Deshalb gilt eine entsprechende Planung als romantische Zeitverschwendung oder als vergebliche Liebesmüh'."

„Trotz mangelnder realer Hoffnung werden sich diese Leute gleichwohl der Diktatur aus Gründen der Integrität und vielleicht auch der Geschichte entgegenstellen. Zwar werden sie es nie zugeben (und machen sich das vielleicht auch gar nicht bewusst), aber ihre Aktionen erscheinen ihnen selbst aussichtslos. Daher hat eine langfristige, umfassende strategische Planung für sie keinen Wert."

„Das Fehlen einer solchen strategischen Planung hat" aber „häufig dramatische Folgen: Die eigene Stärke geht verloren, die eigenen Aktionen bleiben wirkungslos, Energie wird verschwendet auf nachrangige Fragen, Vorteile werden nicht genutzt, und Opfer sind vergeblich. Wenn Demokraten nicht strategisch planen, verfehlen sie mit ziemlicher Wahrscheinlichkeit ihre Ziele."

Vor diesem Hintergrund ist im Übrigen meine Frage: "Oder ist Dein Ziel gar ein anderes, weniger hoch gestecktes?" zu verstehen.

Die wenige Zeit, die uns noch bleibt, sollte daher zu allererst auf die Entwicklung eines strategischen Plans verwendet werden!

08.02.2020

Beitrag auf Facebook-Seite von Melanie Wery-Sims

Liebe Melanie,

nachdem ich Deine Rede zum Haushaltsplan 2020 des Kreistages und Deine Bewerbung um Listenplatz 2 der Landesliste für den Landtag gelesen habe, möchte ich Dir doch ein paar Fragen stellen mit der Bitte um reflektierte und ehrliche Beantwortung.

Bist Du Dir wirklich sicher, dass die Energie, die Du - altruistisch - in die Gremienarbeit auf Kreis- und/oder Landesebene investierst bzw. investieren möchtest, Dich und uns alle dem politischen Ziel Sozialismus (demokratisch, ökologisch) entscheidend und schnellstmöglich näher bringen wird?

Hast Du keine Zweifel daran?

Oder ist Dein Ziel gar ein anderes, weniger hoch gestecktes?

Was will DIE LINKE auf Landesebene denn heute?

Immer noch - wie bereits 2011- ein demokratisch-sozialistisches und ökologisches Rheinland-Pfalz?

Die riesige Diskrepanz jedenfalls zwischen dem, was ich - visionär, aber keineswegs illusionär - in meiner Rede zum Haushaltsplan 2011 des Kreistages (siehe unten) thematisiert habe, und dem Stand heute nach fast 10 Jahren, spricht sehr dafür, dass sich auch Dein Energieeinsatz (in diesen Gremien!) für das politische Ziel nicht auszahlen wird.

Was macht Dich nichtsdestotrotz sicher, dass dem nicht so sein wird?

https://www.yumpu.com/de/document/view/63066210/2010-12-13-kt-top6-beschluss-oeff-038-040

07.02.2020

Beitrag in der privaten Facebook-Gruppe „Wir LINKEN im Südwesten"

Von wegen Frieden schaffen ohne Waffen!

Gute Nachrichten aus Syrien. Die militärische Zerschlagung der HTS-Terroristen und ihrer dschihadistischen Hilfstruppen durch die Syrisch Arabische Armee (SAA) und ihre Verbündeten aus Russland, Iran etc. schreitet in Idlib und Aleppo zügig voran:

Syrian Army Secures Eight Towns In Idlib And Aleppo

https://southfront.org/syrian-army-secures-eight-towns-in-idlib-and-aleppo/

10.01.2020

Beitrag in spiegel.de zum Artikel „Im Nebel des Krieges" von Marc Pitzke

Welche Hinweise? Wessen Hinweise? Cui bono?

Eine kleine Recherche im Internet liefert ein paar Hintergründe und legt ein paar Fragen nahe:

1. das Video wurde über das Twitter-Konto von Nariman@NarimanGharib (Ort: London) in die Öffentlichkeit gebracht. Dieses Konto ist genauso offen regierungsfeindlich wie das zugehörige Firmenkonto FilterShekanha@FilterShekanha.

2. Was ist auf dem Video vor und nach dem sehr kurzen veröffentlichten Ausschnitt (nur 19 Sekunden) zu sehen?

3. Welche Motivation hatte der Aufnehmende, anlasslos (stumm, freihändig, rauchend(?)) mitten in der Nacht sein Smartphone auf den Nachthimmel zu richten.

4. Von wem stammt die Aufnahme? Was sagen die Metadaten?

5. Wer hat das Video neben der New York Times und Bellingcat verifiziert?

6. Was spricht gegen ein konzertiertes Ablenkungsmanöver der engen Verbündeten USA, GB, Kanada?

08.01.2020

Leserbrief in Junge Welt (online) zum Artikel „Neues Vietnam für die USA" vom 08.01.2020 (in der Printausgabe - etwas kürzer - am 11.01.2020 veröffentlicht)

Ami go home

In dem Artikel heißt es, dass die Zeit für einen US-Truppenabzug aus dem Irak gekommen sei. Ja, der ist längst überfällig, aber nicht nur im Mittleren Osten.

Auch in Deutschland wird es höchste Zeit für eine offensiv und mit Ausdauer geführte strategische Kampagne: »Ami go home!«

Diese von links zu startende Kampagne sollte ihren antiimperialistischen Charakter deutlich machen und sinnvollerweise von der Doppelforderung »Deutschland raus aus der NATO! – NATO raus aus Deutschland!« flankiert werden.

Lassen wir es nicht zu, dass »Ami go home!« statt dessen von Rechtsextremen usurpiert wird!

07.01.2020

Beitrag in spiegel-online.de zum Kommentar von Christiane Hoffmann

Voraussetzung für den Mord an Menschen ist ein Mörder

Wenn es ein Mord war, dann muss es einen Mörder gehen. Der Hauptverdächtige in diesem Fall ist niemand anderes als der US-amerikanische Präsident Donald J. Trump.

In einem Rechtsstaat USA wäre folgendes Prozedere daher folgerichtig:

Aufhebung der Immunität von Donald J. Trump, falls das überhaupt rechtlich notwendig ist, Festnahme wegen Mordverdachtes, Anklage wegen Mordes vor einem zuständigen Gericht in den USA oder ersatzweise Auslieferung an den Irak oder Iran, damit er dort vor Gericht gestellt werden kann.

Das wäre konsequent und würde ganz entscheidend zur Deeskalation zwischen USA und Iran (und Irak) beitragen und eine militärische Antwort des Iran möglicherweise obsolet werden lassen.

06.01.2020

Beitrag auf Facebook-Seite von Oskar Lafontaine

"Die einzige Konsequenz aus dieser verantwortungslosen Eskalation kann nur sein, die US-Militärbasen in Deutschland zu schließen." bzw. "AMI GO HOME!".

Logisch und folgerichtig, Oskar. Schon sehr lange ist das überfällig.

Was noch fehlt:

Deutschland raus aus der NATO! - NATO raus aus Deutschland!

Auch schon lange überfällig.

06.01.2020

Beitrag in spiegel-online.de zum Artikel: „Irak: Donald Trump droht bei Rauswurf mit Sanktionen"

Trumps diktatorisches Regime: Erpressungen, Drohungen, Raketen, Krieg

Mit Trumps erpresserischen Äußerungen und Drohungen gegenüber dem befreundeten (!) Irak schreitet die Selbst-Demaskierung des US-amerikanischen Regimes rasant voran.

Unter der Maske der Demokratie und des Menschenfreundes lugt unübersehbar das Gesicht eines menschenverachtenden diktatorischen Regimes hervor, das die ganze Welt beherrschen will.

Doch die Welt spielt immer weniger mit.

Die Trump-USA steht vor einem Scherbenhaufen ihrer dilettantischen, aber aggressiven Außenpolitik und der Abstieg der USA wird weitergehen.

Der Anfang vom Ende des Imperiums ist längst eingeleitet. Leider wird dies (einmal mehr) verbunden sein mit vielen, vielen Opfern auf Seiten derjenigen, die sich seinem Diktat widersetzen.

Wie lange das US-Militär sich noch für eine solch (selbst-)zerstörerische Politik hergeben und auch eigene Opfer bringen wird?

Äußerst interessant in diesem Zusammenhang wäre, zu erfahren, wie viele Milliarden US-Dollar das Trump-Regime als kompensatorische Voraussetzung für den längst überfälligen Abzug der US-amerikanischen Truppen aus Deutschland und Schließung ihrer Militäreinrichtungen in Deutschland verlangen würde.

Eine Anfrage der Bundesregierung an Trump oder einer Fraktion des Bundestages an die Bundesregierung könnte Klarheit schaffen. Auf das diesbezügliche Trump-Getwitter wäre ich sehr gespannt.

05.01.2020

Eintrag in Facebook-Seite Rainer Stablo

Endlich!

Das Parlament des Iraks fordert den Abzug insbesondere der Truppen der USA aus dem Irak!

Und gleichzeitig den Abzug aller Truppen der "Anti-IS Koalition", zu der auch die Bundeswehr gehört.

Was die USA-Regierung dazu sagen wird?
Was die Bundesregierung?

Der vom Irak angerufene UN-Sicherheitsrat wird wohl wegen des Veto-Rechts der USA nichts gegen die US-amerikanische Aggression im Irak unternehmen können.

Was der Iran tun wird? Was die Entwicklung für Syrien bedeuten wird? Was China und Russland für Schlüsse ziehen werden? Wie andere Staaten reagieren werden?

In jedem Fall steht die Welt vor einer wirklichen Zäsur. Nichts ist und wird sein wie es vorher war. Die Gefahr eines neuen großen Krieges ist real. Und alle Staaten werden sich dazu verhalten müssen.

Die Mitgliedschaft in der NATO macht die Lage für Deutschland keinen Deut besser. Ganz im Gegenteil.

Daher drängen sich Anfang 2020 zwei logische Forderungen auf den ersten Platz der politischen Tagesordnung in Deutschland:

1. sofortiger Abzug der US-amerikanischen Truppen (und Geheimdienste) aus Deutschland und die sofortige Schließung sämtlicher US-Militär- und US-Geheimdiensteinrichtungen in Deutschland!

Es ist höchste Zeit dafür! Von solchen falschen "Freunden", die die ganze Welt (Freund wie Feind) mit Drohungen und Erpressungen, mit Handelskriegen, Sanktionen, heißen Kriegshandlungen und staatsterroristischen

Aggressionen überziehen und ein Netz von Terroristen und Söldnern unterhalten, sollte auch Deutschland sich schnellstens befreien und sich endlich auf die richtige Seite der Geschichte stellen.

2. sofortige Beendigung der Mitgliedschaft Deutschlands in der NATO, der aggressiven Kriegsallianz, die nichts Besseres zu tun hat, als geschichtsvergessen zum 75. Jahrestag der Befreiung vom Faschismus ein militärisches Großmanöver unter der euphemistischen Bezeichnung "Defender 2020" gegen den Befreier- und Siegerstaat Russland in Szene zu setzen, und sofortiger Abzug auch aller anderen NATO-Truppen aus Deutschland und Schließung von deren Basen.

Deutschland raus aus der NATO!
NATO raus aus Deutschland!

AMI GO HOME!

Machen wir uns nichts vor:

solange diese prioritären Forderungen nicht angegangen werden und in die Realität umgesetzt worden sind, werden Forderungen von Fridays for Future etc. hinsichtlich Klimaschutz etc. und andere politische Forderungen unerhört verhallen!

05.01.2020

**Beitrag in spiegel-online.de zum Artikel: „Mike Pompeo: US-Außenminis-
ter verteidigt Trump-Drohung"**

Pompeo und Trump verhöhnen vor aller Welt die UN-Charta

Die machtblinden, arroganten, rechtsnihilistischen Worte von Pompeo
und Trump verhöhnen vor aller Welt die UN-Charta und dokumentieren
im Verein mit ihren mörderischen Taten, dass die USA unter diesem Präsidenten als Staatsterrorist Nummer 1 in der Welt agieren.

Ihnen überall und sofort die politische und militärische (und wirtschaftli-
che) Unterstützung zu verweigern, ist das Gebot der Stunde.

Das irakische Parlament hat einen wichtigen Schritt getan, indem es die
US-Truppen nach Hause schickt und ihnen den Luftraum sperrt. Aus Syrien
werden die US-Truppen sich infolgedessen auch bald zurückziehen müssen.

Deutschland sollte sich nicht weiter zum nützlichen Handlanger dieser USA
machen, die ihren Herrschaftsanspruch in aller Welt und mit allen ihr zur
Verfügung stehenden (auch gewaltsam!) Mitteln durchsetzt.

Alle US-Militärstützpunkte in Deutschland sollten schnellstens geschlossen
und die US-Truppen aufgefordert werden, Deutschland zu verlassen.

Das Motto der Antikriegsbewegung der 50er und Studentenbewegung der
60er Jahre: AMI GO HOME! ist aktueller denn je.

NHB
686
Walter Peter Stablo
*07.12.1930
✝04.02.2019